Eva Simon

Wenn die Kinder aus dem Haus gehen

HERDER / SPEKTRUM

Band 4771

Das Buch

„Hänschen klein ging allein in die weite Welt hinein . . . aber Mutter weinte sehr . . .": Daß die Ablösung der Kinder von den Eltern ein Prozeß ist, der schon früh beginnt und sich in der Regel nicht ohne Schwierigkeiten vollzieht, weiß das bekannte Kinderlied seit langem. Konkret und mit Konsequenz stellt sich das Thema dann mit und nach der Pubertät. Wie es Eltern in dieser entscheidenden Phase des Selbständigerwerdens der 15-, 16-, 17jährigen gelingt, die größer werdenden Freiräume der Jugendlichen zu respektieren, Klarheit über die eigene Haltung zu gewinnen und zu vermitteln und Zutrauen zu haben, aber auch Grenzen deutlich zu machen, zeigt dieses Buch. Nur wenn die Kinder sich aus der Abhängigkeit von den Eltern lösen können, nur wenn die Eltern ihren Kindern das Selbständigwerden zutrauen, können Jugendliche später tragfähige Beziehungen eingehen, können Eltern sich neuen Lebensabschnitten unbelastet zuwenden. Eva Simon ist Pädagogik-Dozentin und Mutter von zwei erwachsenen Töchtern. Sachkenntnis und persönliche Erfahrung machen ihr Buch zu einem Begleiter für Eltern, der Rat gibt und in vielen Geschichten aus dem wahren Leben die Haltungen deutlich macht, die Ablösung gelingen lassen – oder aber erschweren. In den Erzählungen und Kommentaren wird deutlich, wie Eltern die richtige Balance finden zwischen Unter- und Überforderung, zwischen Verwöhnung und Verantwortung, Sorge und Vertrauen. Die Autorin kennt die Gefühle beim Festhalten und Loslassen, die Kämpfe um Freiheit und Kontrolle, den mühsamen Weg zwischen Grenzziehung und Grenzüberschreitung. Trauer und Erleichterung, Eigenständigkeit und Abhängigkeit sind wichtige Themen in dieser sensiblen Phase der Eltern-Kind-Beziehung – Eva Simon beschreibt sie witzig, nachdenklich, erhellend, weiterführend. Die Autorin zeigt, wie Eltern ihre Kinder loslassen können, damit sie ihren Weg zuversichtlich gehen lernen, damit sie sich alleine zurechtfinden und auch gerne immer wieder bei den Eltern vorbeikommen – nicht nur, um die Wäsche vorbeizubringen. Ein Buch voller Unterhaltung und Erkenntnis für Eltern, deren Kinder größer werden.

Die Autorin

Eva Simon, geb. 1935, ist Pädagogik-Dozentin und Sachbuchautorin, leitet Seminare, schreibt Geschichten für Zeitschriften und fürs Fernsehen und lebt mit ihrem Mann in Hamburg. Sie hat zwei erwachsene Töchter.

Eva Simon

Wenn die Kinder aus dem Haus gehen

Mit Geschichten aus dem täglichen Leben

Herder
Freiburg · Basel · Wien

Gedruckt auf umweltfreundlichem,
chlorfrei gebleichtem Papier

Alle Rechte vorbehalten – Printed in Germany
© Verlag Herder Freiburg im Breisgau 1999
Satz: Rudolf Kempf, Emmendingen
Herstellung: Freiburger Graphische Betriebe 1999
Umschlaggestaltung: Joseph Pölzelbauer
Umschlagbild: © Picture Press G+J Fotoservice
ISBN 3-451-04771-3

Inhalt

Dieses Buch hätte nicht entstehen können ohne meine Töchter und ohne meinen Mann. Ich bedanke mich bei ihnen für ihre Großzügigkeit, mit der sie mir erlaubten, die Tür in das Innere unserer Familie zu öffnen. Gleichzeitig gilt mein Dank auch unseren Freunden und Freundinnen, die es mir gestatteten, Details aus ihrem Leben in meine Geschichten einzuflechten. Ich habe dabei nicht nur sämtliche Namen geändert, sondern auch manche Umstände. Sollten sie sich trotzdem wiedererkennen, bitte ich sie zu bedenken, daß sie höchstwahrscheinlich die einzigen sind. Außerdem hoffe ich, daß sie ihr sprichwörtlich guter Humor, den ich an ihnen so schätze, nicht gerade an dieser Stelle verläßt.

Vorwort

Kaum haben wir die Kinder geboren, werden sie abgenabelt, und tatsächlich fängt damit – trotz der langen „Nesthockerphase" – die Ablösung von den Eltern an, auch Flügge-Werden genannt. Das beginnt nicht erst in der Pubertät, wie häufig angenommen wird. Und dann, irgendwann danach, gehen die Kinder aus dem Haus.

Dieses Buch ist deshalb in drei Kapitel unterteilt, die mit den drei Phasen der kindlichen Entwicklung übereinstimmen: vor, während und nach der Ablösung. Jedem Kapitel sind Fragen vorangestellt, die – ein wenig provokativ – zur Selbstbeantwortung gedacht sind. Sie können auch als Grundlage für eine Diskussion dienen mit dem Partner, der Partnerin, im Elterngesprächskreis, in Gruppen von Eltern, die in der gleichen Situation sind. Es gibt auf diese Fragen keine eindeutigen, für alle verbindlichen Antworten. Sie sollen nur nachdenklich machen und hoffentlich auch auf die Geschichten neugierig. Sie können Ihnen helfen, das Verhältnis zu Ihrem Kind zu überdenken und neu zu sehen.

Im Hauptteil dann: Geschichten aus dem wahren Leben, über die gelacht und nachgedacht werden darf, über die Sie sich freuen und entrüsten können.

In den anschließenden Kommentaren können vielleicht die Eingangsfragen beantwortet und manche

Unklarheit aus den Geschichten „aufgeklärt" werden.

Warum geben wir uns eigentlich so viel Mühe mit diesem Thema? Warum beschäftigt es uns so? Laut „Spiegel" (47/1998) ist der erzieherische Einfluß der Eltern eh nur minimal. „Eltern sind austauschbar" steht über der Titelgeschichte. Darin wird die starke Prägung des Nachwuchses durch Freundeskreise und soziales Milieu sowie durch die Gene hervorgehoben. Aber: Ist das nicht alles untrennbar mit dem Elternhaus verbunden? Die Gene fliegen nicht frei herum wie Blütenstaub, sondern sind an die menschlichen Erzeuger gebunden. Ebenso ist das soziale Milieu fest an die Situation der Eltern gekoppelt. Bleibt der große Einfluß der „peer-group"! Wir wissen schon lange, wie wichtig der Umgang mit Gleichaltrigen für Heranwachsende ist. Nicht umsonst bedauern wir die Kinder, die ausschließlich von älteren Erwachsenen aufgezogen werden ohne das Regulativ der eigenen Altersgruppe.

Also, wir können auf Grund der neueren (?) Erkenntnisse vielleicht auf ein wenig Entlastung von unserer Elternbürde hoffen. Es gibt aber keine Ausrede, uns vor der Erziehungspflicht zu drücken – und von dem Erziehungsrecht wollen wir gern Gebrauch machen, solange das nicht heißt: Mein Kind gehört mir. Mit dem kann ich machen, was ich will. Besser so, wie Erwin Ringel es ausdrückt: „Das Kind ist kein Besitz: es gehört nur einem einzigen Menschen, nämlich sich selbst."

Das ist die Kurzform des wunderbaren Textes von Khalil Gibran, der so beginnt: „Deine Kinder sind nicht deine Kinder. Sie sind die Söhne und

Töchter der Sehnsucht des Lebens nach sich selbst. Sie kommen durch dich, aber nicht von dir, und obwohl sie bei dir sind, gehören sie dir nicht . . ."

Kinder sind Gäste in der Ehe oder Partnerschaft. Sie sind uns nur für einen gewissen Zeitraum anvertraut. In dieser Zeit lernen sie nicht nur von uns, sondern wir auch von ihnen. Hier endlich traue ich mich, das aufzuschreiben. Aus einem Zeugnisbericht, den ich für die liebenswerte und hochbegabte Birgit im dritten Schuljahr geschrieben hatte, strich der Schulleiter den Satz: „Du hast den Unterricht durch deine guten Ideen sehr bereichert, und ich habe viel von dir gelernt." Dann gab er mir das Zeugnis zum Neuschreiben mit dem Tadel zurück: „Das fehlte noch, daß wir von den Grundschülern lernen müssen!"

Falsch gedacht, Herr W.! Wir müssen doch nicht! Wir wollen! Ich kann es nicht schöner ausdrücken als Doris Weber in ihrem Aufsatz „Herzschläge":

„Ohne dich wäre mein Leben vielleicht leichter – durch dich ist es sinnvoller. An dir, liebes Kind, bin ich gewachsen. In der äußeren Enge spürte ich die innere Weite, im Verzicht den Reichtum, im hemmungslosen Zorn die grenzenlose Liebe. Von dir habe ich gelernt, daß es Fragen gibt, die nur mit dem Herzen zu beantworten sind."

Aber es bleiben viele Fragen übrig, die besser vom Verstand beantwortet werden können. Deshalb ist es sinnvoll, das vorliegende Buch zu lesen. Wenn am Ende Kopf und Herz gleichwertig an der Lösung von Problemen beteiligt sind, so haben wir unser Ziel erreicht.

Teil I: Vor der Ablösung

Bereiten wir sie darauf vor?

Einleitende Fragen I

Lieben Sie Ihr Kind?
Haben Sie Ihr Kind vom ersten Tag an geliebt, oder wuchs die Liebe allmählich?
Bereiten Sie sich und Ihr Kind auf die Ablösung vor?
Erkennen Sie die Merkmale von Ablösung?
Überfordern Sie sich und das Kind manchmal durch knappe Zeitvorgaben oder zu viel action?
Unterfordern Sie das Kind oft, indem sie ihm alles abnehmen, auch das, was es längst kann?
Denken Sie oft an die Zukunft, oder leben Sie in den Tag hinein?
Haben Sie Angst, wenn das Kind versucht, sich selbständig zu machen?
Können Sie es genießen, allein zu sein, während das Kind woanders ist?
Machen Sie Ihr Kind manchmal zum Verbündeten gegen den Partner/die Partnerin?
Vertrauen Sie ihm Dinge an, die es nicht versteht und die es nur belasten?
Kontrollieren Sie alles genau, was das Kind gemacht hat, oder haben Sie Vertrauen in seine Fähigkeiten?
Sprechen Sie Geschenke für das Kind mit den

Schenkenden ab, oder werden Süßigkeiten und Spielzeug so genommen, wie sie kommen?

Gehen Sie auf die Gefühle Ihres Kindes ein, wenn es traurig ist, oder lenken Sie es mit Sprüchen ab?

Haben Sie feste Rituale wie z. B. abendliches Vorlesen?

Können Sie es ertragen, wenn sich Ihr Kind von anderen Erwachsenen sehr angezogen fühlt?

Machen Sie auch mal richtigen Blödsinn zusammen?

Schlagen Sie Ihr Kind?

Ist Strafe weitgehend ein Fremdwort für Sie und Ihr Kind?

1. Zwischen Unter- und Überforderung

„Mama, ab in Küche!"

Als unsere Tochter Susanne anderthalb Jahre alt war, bereitete sie die Ablösung von mir schon vor. Es traf mich wie ein Blitzschlag.

Einmal in der Woche kam meine Mutter zu uns, um das erste Enkelchen regelmäßig zu sehen und mir ein bißchen im Haushalt zu helfen. Susanne liebte ihre Oma sehr, zumal diese herrliche Spiele kannte, weil sie vor vielen Jahren Kindergärtnerin gewesen war.

An einem Mittwoch stand Oma also wieder in der Tür und wurde herzlich willkommen geheißen. Ich hatte den Tisch schon gedeckt und freute mich auf das Kaffeestündchen mit meiner Mutter.

Aber Susanne war schneller. Sie trippelte auf Oma zu und versuchte, sie an ihrem Kleid in Richtung Kinderzimmer zu zerren. „Ich will erst einmal mit Mama einen Kaffee trinken", sagte meine Mutter freundlich, „dann spiele ich mit dir." Widerwillig folgte die Kleine uns bis zur Wohnzimmertür, dann drehte sie um, und wir hörten sie im Kinderzimmer herumstöbern. Offensichtlich bereitete sie das „Spielfeld" vor. Kurz danach stand sie wieder in der Tür und rief: „Oma, komm!" Meine Mutter trank ihren Kaffee aus und folgte dem dringenden Ruf. Ich räumte den Tisch ab, nahm dann meine Kaffeetasse in die Hand und wollte mich im Kinderzimmer auf die Liege setzen, um den beiden einen Moment beim Spielen zuzuschauen. Doch Susanne ließ mich nicht. Hochaufgerichtet stellte sich die kleine Person vor mich hin, wies mit dem Finger zur Tür und sagte energisch: „Mama, ab in Tuche (Küche) – Oma da!" Meine Mutter grinste, und ich gehorchte, völlig überrumpelt.

In der Küche mußte ich erst einmal meine Tasse aus der Hand stellen und mich auf den Hocker setzen. Mir war ganz elend zumute. Mein eigenes winziges Kind hatte mich aus dem Zimmer geschickt! Wie eine Küchenmagd! Wütend fing ich an, Möhren zu schrabben, und auf das Schneidebrett tropften Tränen.

Nach einer (langen!) Stunde kam ein strahlendes Susannchen in die Küche, nahm mich an der Hand – „Augen zu, Mama!" –, führte mich ins Kinderzimmer, wo ich die Augen wieder öffnen durfte, und zeigte mir – als Überraschung – die wunderschöne Landschaft voller Tierchen und blauer Schlümpfe, die sie mit Oma gebaut hatte.

Schlagartig ging mir in diesem Moment auf, daß ich als Zuschauerin nur im Wege gesessen und die innige Verbindung zu Oma – die ja nicht alle Tage zur Verfügung stand – gestört hätte.

Das muß sie selber wissen

Als Stefanie das erste Mal mit ihren Eltern zu uns zu Besuch kam, war sie drei Jahre alt. Sie eroberte unser Waldgrundstück im Handumdrehen, und ehe wir vor dem Teich warnen konnten, war sie schon hineingefallen. Erschrocken halfen wir ihr aus dem kalten Wasser, trockneten sie ab, zogen ihr Kleidung von unserer Tochter Sina an und hatten ein schlechtes Gewissen. Stefanies Eltern blieben merkwürdig unbeteiligt. Der Vater, seelenruhig seine Pfeife schmauchend, kümmerte sich gar nicht um das Geschehen. Die Mutter zuckte mit den Schultern und sagte: „Das wird sie nicht noch einmal machen." Sie drängte dann ins Haus zum Kaffeetrinken, und wir ließen die Kleine schweren Herzens mit unseren Kindern draußen – nicht ohne eindringliche Vorsichtsmaßregeln zu geben.

Wir hatten uns kaum an den Tisch gesetzt, da kam Susanne, damals acht Jahre alt, mit hochrotem Gesicht hereingestürzt. „Steffi balanciert oben auf dem Schaukelgerüst." Mein Mann Daniel und ich rannten nach draußen und sahen das Zirkuskind auf dem feuchten Rundholzbalken – in vier Metern Höhe, denn unsere Schaukel war auch für Erwachsene gebaut. „Weißt du denn, wie du wieder herunterkommen kannst?" fragte Daniel. „Nee", kam es von oben mit zittrigem Stimmchen, „ich laß mich dann fallen." Du lieber Himmel! Natürlich holte Daniel sie besser gleich runter.

Wir lockten alle drei Kinder mit Hilfe von Kakao und Eis nach drinnen, wo Stefanies Eltern in der Zwischenzeit Zuflucht zu Illustrierten gesucht hatten. „Das hätte aber gefährlich werden können", konnte ich mir nicht verkneifen zum Vater zu sagen. „Ja, da muß sie durch", grinste er, und die Mutter ergänzte: „Das muß sie selber wissen, was sie macht" und nahm sich noch ein Stückchen Kuchen.

In der Folge waren wir nicht mehr allzu erpicht darauf, Stefanie zu Besuch zu haben, aber wir hörten regelmäßig von ihr oder besser über sie. Die Mutter telefonierte gern und lange. „Seit einer Woche hat sie eine Murmel im Nasengang", erfuhr ich. „Warum habt ihr sie noch nicht herausmachen lassen?" – „Du kennst doch Steffi", bekam ich zur Antwort. „Sie will nicht zum Arzt."

Später dann schafften die Eltern für sie, inzwischen knapp zehn Jahre alt, zu Weihnachten einen Hund an, eine Riesendogge. „Das ist aber total ihr Ding, damit wollen wir nichts zu tun haben", bemerkten beide leichthin. Nachdem das Tier einen Nachbarn angefallen und verletzt hatte und sie „völlig ungerechterweise" Schadensersatz leisten mußten, kam der Hund ins Tierheim.

Kaum hatte Stefanie den Führerschein, verursachte sie einen schweren Verkehrsunfall. Da wohnte sie aber schon in einer Wohngemeinschaft. Die Eltern erfuhren von dem Unfall durch die Zeitung. „Wir haben den Kontakt schon vor 'ner Weile abgebrochen zu dieser Chaotin", kommentierte die Mutter. Wir dann auch – zu den Eltern.

Habt ihr keinen Senf?

Wer sich vom Äußeren des engelgleichen blond-gelockten Wesens verführen ließ und einfach nur die Gesellschaft eines zauberhaften Kindes genießen wollte, hatte schon verloren. Denn Jonas war ein harter Brocken. Von klein auf hielten es seine akademischen Eltern für absolut notwendig, jeden geringsten Vorfall mit ihm zu analysieren und zu diskutieren.

Sie befragten ihn schon intensiv nach seinen Wünschen, ehe er überhaupt richtig sitzen und sprechen konnte: „Magst du lieber Mortadella oder Champignonpastete? Möchtest du dein Brötchen im ganzen getoastet oder lieber gehälftet?" Und alles wurde ihm erklärt, ob er es wissen wollte oder nicht. „Weißt du, Schatz, der Mann am Telefon hatte Probleme mit seiner Arztrechnung, die war nämlich . . ." – Kein Wunder, daß Jonas eine Nervensäge wurde.

Morgens am Frühstückstisch war seine Mutter zum Beispiel so unvorsichtig, irgend etwas von Kopfschmerzwetter zu murmeln, und schon hatte sie die Bescherung: Warum das Wetter daran schuld sein sollte?! Woher sie wüßte, daß es nicht Rückenschmerzwetter würde?! Weshalb er nicht Kopfschmerzen bekäme?! Er machte jedenfalls solange weiter, bis sie wirklich welche hatte.

Es war auch durchaus nichts Besonderes, daß wir einmal als eingeladene Gäste nicht das kleinste Krümelchen zu essen bekamen, weil Jonas' Vater solange mit ihm darüber diskutiert hatte, was für uns gekocht werden sollte, bis alle Läden geschlossen waren.

Einmal kam er im Schlafanzug zu uns zur Geburtstagsfeier, weil die Mutter im Streit mit ihm über sein passendes Outfit entnervt aufgegeben hatte. Im umgekehrten Fall, wenn seine Eltern es wagten, einfach irgend etwas Hübsches und für den Anlaß Passendes aus dem Schrank zu nehmen und sich anzuziehen, ohne Jonas vorher in langwieriges Für und Wider über ihre Kleiderordnung zu verstricken, war er tödlich beleidigt und redete tagelang kein Wort mit ihnen.

Jahre gingen ins Land, und Jonas' scharfzüngige Argumentationswut machte ihn zum Partyschreck.

Es kann mir also niemand verdenken, daß ich es eher als Heimsuchung empfand, als er sich eines Tages meldete und für einige Zeit um Herberge bei uns bat, bis er ein passendes Studenten-Domizil gefunden hätte. Ich vertraute auf die Integrationskraft unserer Kinder. Die waren gerade dabei, mit einigen Freunden Plakate für eine Schuldemo zu malen. Da sollte er gleich mithelfen. Aber dazu kam es natürlich nicht. Statt dessen hielt er den verdutzten Anwesenden Vorträge über die Vor- und Nachteile von Demonstrationen und verunsicherte einige Unbedarfte mit dialektischen Spitzfindigkeiten.

Die Mädchen schienen erleichtert zu sein, als ich zum Abendbrot rief, und sie waren sehr erstaunt, wie ungewohnt reich die Tafel gedeckt war.

Ich hatte aus Respekt vor Jonas' berüchtigtem Feinschmeckersinn und aus Angst vor seiner Mäkelsucht alles aufgefahren, was mein Kühlschrank hergab: Wurst und Schinken, Käse und Salate, Fisch und Grünzeug. Dazu Vollkorn- und Weißbrot, Kräcker und Knacker, und damit keine End-los-Debatte über die Getränkefrage losging, war auch von Saft über Bier und Tee alles da. Meine beiden und ihre Demo-Kumpane waren total überwältigt von dem Angebot. Jonas ließ einen abschätzigen und profihaften Blick über die Pracht gleiten und fragte dann beiläufig: „Habt ihr keinen Senf?"

Bei dieser Grundeinstellung wird es nicht verwundern, daß Jonas lange brauchte, um eine genehme Unterkunft zu finden. Am liebsten hätte ich ihn zu seinen Eltern zurückgeschickt, aber seine Mutter erhöhte ihm das Mietgeldangebot und flehte mich an, ihn noch zu behalten. Seit seinem Auszug wäre das Leben bei ihnen zu Hause so friedlich und unkompliziert geworden, wie sie es gar nicht mehr für möglich gehalten hätten.

Frau Sanders kleiner Ersatzmann

Als Beratungslehrerin unserer Schule machte ich viele Hausbesuche. Einmal lud mich Frau Sander, die Mutter von Helge, ein, und ich war sehr froh, denn Helge hatte sich im Unterricht verändert. Aus dem vergnügten Happy-go-lucky war seit einiger Zeit ein eher unsicherer und grüblerischer Junge geworden, der oft vor sich hinträumte.

Der Grund für diese Veränderung war schnell gefunden: Helges Vater hatte die Familie verlassen und sich einer anderen Frau zugewandt. Das war für beide, Mutter und Sohn, ein Schock gewesen. Gleichzeitig war ihre ohnehin enge Bindung noch enger geworden, so daß sie mir wie eine Umklammerung erschien.

Sie machten alles gemeinsam. Statt mit Klassenfreunden zum Schwimmen zu fahren, ging Helge mit seiner Mutter spazieren. Wenn sie sich ein Kleidungsstück kaufen wollte, mußte Helge mit, um sie zu beraten. Selbstverständlich schlief Helge im Ehebett auf der Seite des Vaters, obwohl er ein wunderschönes eigenes Zimmer hatte. „Ich fühle mich sonst so einsam", entschuldigte sich Frau Sander bei mir. Sie war halbtags in einer Versicherung tätig und litt sehr unter Mobbing, seit ihr Mann sich von ihr getrennt hatte. Wer mußte sich stundenlang die Klagen darüber anhören? Helge, zehn Jahre alt. Ich warnte sie unter vier Augen davor, Helge zum Ersatzmann zu machen. Ob sie denn keine Freundin hätte? Sie weinte und räumte ein, daß sie die Gefahr auch schon sähe und daß diese Phase nur vorübergehend sein sollte, bis sie wieder einen Partner gefunden hätte.

Weil Helge dann auf eine weiterführende Schule ging, hatte ich keinen Kontakt mehr zu den Sanders, dachte aber oft an die beiden. Neulich traf ich ihn, inzwischen einundzwanzig, im Bus wieder. Er lebt noch bei seiner Mutter, möchte gern ausziehen, wagt das aber nicht, „weil sie dann so allein ist". „Hat deine Mutter denn keinen neuen Partner?" fragte ich. „Ja, da war mal einer, aber den mochte ich nicht. Da ist er weggeblieben." Ich hätte noch gern erfahren, ob er, Helge, denn eine Freundin hat – aber vermutlich hätte Helge geantwortet: „Ja, da war mal eine, aber die mochte meine Mutter nicht leiden . . ."

Kommentar

Ein Kind ist kein Gefäß, das gefüllt,
sondern ein Feuer, das entzündet werden will.
Rabelais (1494–1553)

„Eine der wesentlichen Aufgaben der Erwachsenengeneration wird es in Zukunft sein, den frühreifen und an Verantwortung unterforderten, psychisch aber mehrheitlich überforderten Kindern . . . zu helfen, sich in der Erwachsenenwelt zu orientieren." (Eva Zeltner)

Unterforderung – Überforderung? In beiden Wörtern steckt zunächst der Begriff „Forderung" und die wirft ein Licht auf unser Verständnis von Erziehung. Wir fordern von unseren Kindern unentwegt eine ganze Menge: Sie sollen sich anpassen an die Regeln unserer Zivilisation. Sie sollen uns möglichst viel Freude und möglichst wenig Ärger bereiten.

Sie sollen zu nützlichen Gliedern unserer Gemeinschaft – von der Familie bis zum Staat – werden.

Im Rahmen ihrer altersgemäßen Fähigkeiten fordern wir sie auf, als selbständige Wesen zu handeln und zunehmend für ihre Aktionen Verantwortung zu übernehmen. Wenn wir da nicht die andauernden Veränderungen in den Kindern rechtzeitig wahrnehmen und flexibel darauf reagieren, kommt es zu Forderungen, die unter oder über dem jeweiligen Entwicklungsstand und der individuellen Leistungsfähigkeit der Kinder liegen. Dabei bedeuten Unterforderungen, daß wir sie als unreifer ansehen, als sie tatsächlich sind und ihnen Handlungen und Entscheidungen abnehmen, die sie selbst sehr gut bewältigen könnten. Indem wir sie unterfordern, überfordern wir uns selbst. Statt Aufgaben an sie abzugeben, belasten wir uns weiterhin damit – aus den vielfältigsten Gründen: Wir wollen nicht, daß sie zu schnell groß werden. Oder wir halten uns für unersetzlich. Oder wir klammern uns an die Kinder als unseren einzigen Lebensinhalt.

Bei Überforderungen bestimmen oft Ungeduld und Ehrgeiz unser Handeln: Vierjährige Knirpse werden auf den Tenniscourt gebracht, damit kleine Boris Beckers aus ihnen werden. Schon vor der Schule haben solche Kinder Terminpläne wie ihre Väter und kaum noch Zeit zum Träumen und freien Spielen. Aus ihnen soll etwas Besonderes gemacht werden. Oder wir vergleichen Hänschen mit Gretel und stellen enttäuscht fest, daß Gretel in Hänschens Alter schon „viel weiter" war – was immer das bedeuten soll. Gretel brauchte mit drei Jahren keinen Mittagsschlaf mehr – Hänschen hat ihn noch dringend nötig. Gretel lief freudig auf Besuch zu – Hänschen versteckt sich scheu hinter Mamas Beinen. Was für das eine Kind eine altersgemäße Forderung ist, kann für das andere eine Überforderung sein.

Eigentlich brauchten wir unser Kind nur in Ruhe zu beobachten: Welche Vorlieben entwickelt es? Wo hat es seine Stärken und Schwächen? Wann ist es besonders konzentriert bei der Sache? Bei welcher Tätigkeit scheint es glücklich zu sein? Was könnten wir ihm anbieten, um es angemessen zu fördern? In welcher Situation reagiert das Kind besonders unwillig? Hat es auffällige Ticks entwickelt, spricht es wie gehetzt und in unvollständigen Sätzen? Ist es darüber hinaus noch Bettnässer, dann kann eine Überforderung in geistiger, seelischer, körperlicher oder sozialer Hinsicht vorliegen, und Sie sollten vielleicht professionelle Hilfe in Anspruch nehmen.

Andererseits kann manchmal auf Unterforderung geschlossen werden, wenn das Kind sich auffällig oft langweilt in seinem Umfeld und mit dem vorliegenden Angebot, wenn es sich unter Erwachsenen albern hervortut und mit gleichaltrigen Spielgefährten weniger anfangen kann als mit älteren.

Bei ruhiger Beobachtung des Individuums „Kind" erkennen aufmerksame Eltern die eine oder andere Form sicher. Da stört nichts mehr als eine vorgefertigte Erziehungsstrategie nach dem Motto: So soll unser Kind werden!

In ihrem Buch „Auszug aus dem Elternhaus" schreibt Christiane Papastefanou, daß der Prozeß der Individuation-Loslösung schon im 4./5. Lebensmonat beginnt. Aber erst mit Erreichen des dritten Lebensjahres ist dem Kind die Getrenntheit von der Mutter/dem Vater wirklich bewußt.

In der Zwischenzeit durchläuft es fünf Phasen der Ablösung und Identitätsfindung:

1. Die symbiotische Phase: Es hält sich für einen Teil der Mutter.
2. Die Differenzierungsphase: Es fängt an zu unterscheiden zwischen sich selbst und anderen Subjekten und Objekten.

3. Die Übungsphase: Die Ich-Wahrnehmung wird ausgeprägter und eine neue Perspektive der Eltern ausgebildet. Die Übungsphase des Kleinkindes hat viel Ähnlichkeit mit der Rebellionsphase der Jugendlichen. Das kleine Kind greift immer wieder mit fragendem Blick zu der zerbrechlichen Glasvase, um sich zu vergewissern, ob das „Greifverbot" noch gilt. So fragt auch mancher Jugendliche immer wieder – scheinbar in aller Unschuld –, ob er heute mit Mutters Auto zur Disco fahren darf, obwohl er genau weiß, daß in diesem Fall „Fahrverbot" gilt. Gemeinsames Element ist das Austesten von Grenzen.

4. Die Wiederannäherungsphase: Das Kind schwankt zwischen Autonomiestreben und Bindungsbedürfnis.

5. Die Konsolidierung der Individualität: Sozialkontakte und Selbständigkeit werden lustbetont erlebt, d. h. dem Kind wird allmählich bewußt, was es schon selbst kann, und das macht es voller Freude, mit Lust. Ebenso genießt es aber auch das Zusammensein mit den Erwachsenen und nimmt deren Hilfe in Anspruch.

Das Fazit lautet: „Im Falle einer sicheren Bindung sind die beiden Pole ‚Entfernung' und ‚Verbundenheit' ausgewogen."

Schon in dieser frühen Zeit werden demnach Fäden in die abgenabelte, selbstbestimmte Zukunft gesponnen, die – je nach unseren geglückten oder mißlungenen Eingriffen – straff gespannt oder sanft geschwungen verlaufen oder in einem verfilzten Knäuel enden.

Was haben nun die Geschichten über Stefanie, Helge und Jonas mit Ablösung und dem Verlassen des Elternhauses zu tun? Sie sind Beispiele für mangelhafte Vorbereitung auf die Tatsache, daß Kinder nur Gäste in der Ehe oder Partnerschaft sind. Es deuten sich mehr oder weniger mißlungene Ablösungen an, die sich aus einer gravierenden Unter- oder Überforderung in der Kindheit ergeben.

Erziehung ist eine Kette aus ununterbrochenen Entscheidungen – noch dazu während einer Gratwanderung, denn die Zeit bleibt nicht stehen, und wir müssen uns oft ganz spontan zu der einen oder anderen Maßnahme entschließen. In den genannten Fällen sind offenbar einige Entscheidungen der Eltern problematisch gewesen.

Stefanie, Jonas und Helge sind als kleine Kinder zumeist überfordert worden.

Stefanie ist auf eine Weise überfordert und allein gelassen worden, die an Aufsichtsverletzung grenzt. Die Eltern begründeten ihr eigenes nichteingreifendes Verhalten mit dem Schlagwort „Antiautoritäre Erziehung", vergaßen darüber aber, wie klein und unerfahren Stefanie noch war und daß sie dringend Hilfe gebraucht hätte. Ein hohes Maß an Phlegma und Selbstsucht muß den Eltern auch bescheinigt werden, und es war überhaupt nicht verwunderlich, daß Stefanie möglichst früh das Haus verließ. Dabei fand keine richtige Ablösung statt, weil es gar keine richtige Bindung gegeben hatte.

Die Überforderung von Jonas lag dagegen auf dem geistigen Sektor und hatte eher pädagogisch-ideologische Motive. Jonas sollte zum mündigen

Staatsbürger erzogen werden, und dafür war seinen Eltern keine Strapaze zu groß. Aber auch sie verkannten, wie jung Jonas noch war und daß ihre Methode der „argumentativen Konfrontation" viel zu früh kam.

Helges Beispiel zeigt, wie negativ soziale Überforderung und gleichzeitige seelische Unterforderung wirken kann. Indem ihn seine Mutter als Ersatz-Erwachsenen „mißbrauchte", raubte sie ihm Teile seiner Kindheit und Jugend. Eine Ablösung kann offensichtlich noch nicht geschehen, weil Helge sich stark mit dem Schicksal seiner Mutter identifiziert und die Mutter ihn auch nicht freigibt.

Ist nun nichts mehr zu retten, wenn es einmal so schief gelaufen ist?

Ich denke, es ist nie zu spät für einen Neuanfang, auch wenn zeitweilig hartnäckig so etwas wie eine Drohung durch die Presse geistert: Nur die allerersten Jahre würden über das Da- oder So-Sein des Kindes entscheiden. Später sei eh alles vergebens. Eine schrecklich menschenverachtende Haltung, die Eltern und Pädagogen in die Hoffnunglosigkeit treiben könnte, gäbe es nicht unzählige Beispiele für Kinder, die durch eine glücklichen Begegnung „wie umgewandelt" sind. Und wie oft hört man von Jugendlichen, die nach einer Phase der totalen Verweigerung doch noch „die Kurve gekriegt" haben!

Bei Helge hoffe ich auf die Liebe. Wenn die richtige Partnerin gefunden wird, die es auch fertig bringt, freundliche Distanz zu der Herkunftsfamilie zu halten, dann kann noch alles mit dem geregelten Auszug klappen. Vielleicht geht er mit der Partnerin für eine Weile ins Ausland? Oder Frau

Sander lernt endlich den richtigen Mann kennen?!

Jonas wird sicher im Umgang mit Gleichaltrigen noch gehörig zurechtgeschliffen werden, so daß er eines Tages etwas bescheidener auftreten und mit seinen Eltern Frieden schließen kann. Das setzt aber voraus, daß auch sie ihm entgegenkommen und ihre Fehler offen ansprechen.

Richtig angst und bange ist mir im Fall Stefanie. Sie hat nicht kennengelernt, was Bindung bedeutet. Immer auf sich gestellt, ohne Maß für ihre eigenen Fähigkeiten, taumelt sie von Versuch zu Versuch und wird so viele Schwierigkeiten haben, das Leben halbwegs in den Griff zu kriegen, daß die Frage der Ablösung gar keinen Stellenwert hat. Vielleicht kann sie viel, viel später wieder Kontakt zu ihren alten Eltern aufnehmen und sich mit ihnen aussprechen, vorausgesetzt, auch die haben ein bißchen dazugelernt.

Es gibt noch eine andere Dimension der Unterforderung, die gemeinhin als Überforderung wahrgenommen wird. Dazu ein Beispiel: Als ich noch Beratungslehrerin an der Schule war, bat mich eine Kollegin, ein Gespräch mit Anneke (3. Schuljahr) zu führen. Das Mädchen habe sich nach den Sommerferien so auffallend verändert, daß es ihr, der Lehrerin, allmählich unheimlich würde. Aus dem lebhaften fröhlichen Kind sei ein stilles verträumtes und wie verloschenes Wesen geworden, das nicht mehr spreche und kaum noch antworte.

Anneke reagierte auch auf meine Fragen zunächst kaum, bis ich sie bat, in der nächsten Woche am besten mit Mama und Papa zusammen wiederzukommen. „Das geht nicht", funkelte sie mich plötzlich an. „Meine Eltern sind doch immer noch verreist." Dann stürmte sie aus dem Zimmer. Ich bekam heraus, daß sie noch einen Bruder in der zweiten Klasse hatte, dessen Verhalten nach den Ferien auch total verändert war und zwar in gegengesetzter Richtung: Er war laut, ungezügelt und unkonzentriert geworden. Von ihm erfuhr ich, daß Anneke und er wegen der Reise der Eltern schon seit Wochen von den Großeltern betreut wurden. Meine Vermutungen gingen in die Richtung: Da sind Großeltern, die ihre Enkel nach Strich und Faden verwöhnen und nicht mit ihnen zurecht kommen. Sie sagten sofort – wie erleichtert – zu, als ich sie telefonisch um ein Gespräch bat und brachen in Tränen aus, gleich nachdem sie meinen Raum betreten hatten. Die Eltern der Kinder waren schon auf der Hinreise beide bei einem Flugzeugabsturz ums Leben gekommen, und die Großeltern trauten sich nicht, den Enkeln die Wahrheit zu sagen, d.h., sie meinten, die Tatsache verheimlichen zu können, um die Kinder nicht zu überfordern. Statt dessen wurden die Kinder Tag um Tag vertröstet, und Überführung, Beerdigung, Trauerfeier hatten längst an Schulvormittagen stattgefunden.

Wie müssen diese Kinder an der Ungewißheit und den vielen Zeichen aus der Erwachsenenwelt gelitten haben! Mühselig konnte ich den Großeltern klarmachen, daß Kindern die Wahrheit gebührt, auch eine solch schreckliche. Wenn es sie direkt betrifft, dürfen Kinder auch nicht vom Schmerz ferngehalten werden, weil man meint, man müsse sie schonen, dürfe sie nicht „überfordern". Noch an demselben Abend sagten sie ihren Enkeln, daß die Eltern tot sind. Nach wenigen Wochen, in denen ich immer wieder Kontakt zu

Anneke und ihrem Bruder hatte, waren die Kinder „über den Berg", ernster und verhaltener als vorher, aber auch gereifter und wieder bei sich selbst. Anneke hatte übrigens nach der schicksalsschweren Eröffnung gesagt:

„Ich wußte es schon lange, aber ihr wolltet es mir ausreden."

2. Zwischen Angst haben und Vertrauen schenken

Die Brottasche war uns zu schwer

So blaß hatte ich Sinas Kindergärtnerin, Frau Holl-berger, noch nie gesehen. Ich kam an dem Dienstag erst ziemlich spät, um Sina abzuholen, weil wir eine „endlose" Konferenz gehabt hatten. Mit schlechtem Gewissen entschuldigte ich mich, aber Frau Hollberger winkte matt ab. „Nur gut, daß Sie nicht eher gekommen sind. Dann wären Sie durch-gedreht. Aber nun ist ja alles wieder gut." Hörbar aufatmend, zeigte sie auf Sina und Kläuschen, die als einzige noch nicht abgeholt worden waren und ungewohnt still in der Leseecke saßen und in Bil-derbüchern blätterten.

Was war geschehen?

Weil Kläuschen und Sina (beide gerade vier Jahre alt) von den Bauklötzen keinen einzigen an andere Kinder hatten abgeben wollen, hatte Frau Holl-berger sie in den Vorraum zum „Nachdenken" ge-schickt, wie sie das öfter mit Kindern machte, die sich trotz Ermahnung nicht an die Regeln hielten. Das Unglück wollte es, daß kurz vorher ein Liefe-rant im Kindergarten gewesen war, der die Außen-tür, die kleine Kinder normalerweise nicht öffnen konnten, angelehnt gelassen hatte.

Sina und Kläuschen, sowieso uneinsichtig und

voller Trotz, nutzten die Gelegenheit, um „für immer" zu Sina nach Hause zu gehen. Dazu muß man
wissen, daß unser Haus fünfzehn Autominuten
vom Kindergarten entfernt ist und die Kinder bisher immer gefahren worden waren. Sina kannte
den Weg also nur vom Auto aus. Trotzdem über-
querte sie mit Kläuschen zu Fuß sieben Straßen,
wovon nur vier einen Ampelübergang hatten, und
führte ihn sicher bis wenige Meter vor unseren
Hauseingang. Dort griff die Polizei die beiden kleinen Ausreißer auf. Die Polizisten dämpften die
Enttäuschung der Kinder – so kurz vor dem Ziel
sollten sie wieder zurück in den Kindergarten! –,
indem sie ihnen die Fahrt im Streifenwagen
schmackhaft machten und sich den Rückweg von
Sina genau beschreiben ließen. Sie trafen offensichtlich den richtigen Ton zwischen Lob (für die
gute Ortskenntnis und das vorbildliche Verkehrs-
verhalten) und Ermahnung. „Das sollen wir so
allein nicht wiedermachen, hat der Polizist gesagt.
Wir sollen ihn vorher anrufen. Dann kommt er
mit", berichtete mir Sina vergnügt auf der Fahrt
nach Hause vom Rücksitz aus. Ein Hoch auf diesen
„Freund und Helfer"!

Mir wurde erst während der Fahrt mit Sina
zurück nach Hause das Ausmaß dieses Ausflugs
bewußt, und ich hatte auf einmal Mühe, das Zit-
tern in meinen Beinen zu beherrschen. So fuhr ich
sehr langsam, und als wir an einer Gartenkolonie
vorbeikamen, wünschte Sina einen Stopp. „Da liegen doch unsere Brottaschen hinter'm Zaun", rief
sie. „Die waren uns zu schwer."

Jeden Abend der gleiche Tanz

Es war zum Verrücktwerden. Kaum hatte ich die müde und deshalb schon quengelige Sina (2) im abgedunkelten Zimmer ins Bettchen gelegt, stand sie wieder am Gitter, rief nach uns, krähte fröhliche Liedchen und war plötzlich putzmunter. Wieder raus aus dem Bett, mitnehmen in die Küche! Dort erneutes Gähnen und Quengeln. Wieder zurück ins Kinderzimmer, Vorhänge auf. „Du kannst ja noch ein bißchen im Bett spielen. – Nein?" Vorhänge wieder zu, Gute-Nacht-Kuß. „Schlaf schön". – Tür zu. Gleich danach dasselbe Theater: Zuerst Singen, dann Rufen, dann

Geschrei . . .

Wir kamen auf die Idee, uns abends abwechselnd mit zu Sina ins Zimmer auf eine Liege zu legen, ohne zu sprechen, so als wollten wir auch schlafen. Mühselig hielt ich mich wach, reagierte aber nicht auf Sinas niedliche Bemerkungen. Sobald sie dann endlich zu schlafen schien, schlich ich mich leise, sehr leise aus dem Raum, um verstört zurückzukehren, weil die Kleine mit hohem Stimmchen hinter mir her fragte: „Mama ausseslaft?"

Wenn der Vater mit dem „Scheinschlaf" dran war, wurde meistens ein echter draus. Susanne, unsere Ältere, und ich warteten lange mit dem Abendbrot auf ihn, bis wir aus dem Kinderzimmer regelmäßige Schnarchtöne vernahmen und Sinas vergnügten Kommentar vom Gitterbettchen aus: „Papa läft ch – ch – ch!"

Auf der Suche nach einer guten Lösung für alle beschlossen wir drei, Susanne, Daniel und ich, eines Abends, in unsere Betten zu gehen, und Sina durfte so lange aufbleiben, wie sie wollte. Sie war zwar schon im Schlafanzug, hatte aber warme Socken an. Kinder- und Schlafzimmertüren standen offen. Nur im Flur brannte eine kleine Lampe. Sina fand das wunderbar. Sie wanderte von einem Raum zum anderen, verteilte Gute-Nacht-Küßchen und meldete mir jeweils, wer schon schlief. Dann wollte sie mit in mein Bett. Ich blieb hart, um nicht eine neue ungewollte Gewohnheit zu begründen. Zuletzt kletterte sie in ihr eigenes Bettchen, dessen Gitter wir unten gelassen hatten, und schlief endlich ein. Von da ab ging sie freiwillig zu ihrer Zeit ins Bett, bestand aber darauf, über das heruntergeklappte Gitter – selbst hineinzusteigen.

Dazu ist er noch zu klein

In unserer Nachbarschaft wuchs ein Knäblein heran, das eigentlich vom Glück begünstigt war wie kein anderes Kind. Jens-Peter hatte eine vollständige Großfamilie mit Eltern und Großeltern mütterlicher- sowie väterlicherseits, und was das Schönste war: Sie wohnten alle zusammen in der einen prächtigen gepflegten Villa. Wer hat schon sechs Erwachsene für sich ganz allein, die Tag und Nacht auf einen achtgeben!?

Für Jens-Peters Mutter war ich die schlimmste Rabenmutter der Welt, schon weil ich trotz meiner Mutterschaft noch berufstätig war. Meine Kinder fuhren auch bei Regen mit dem Fahrrad zur Schule, sogar bei Schnee meistens. Jens-Peter wurde überall von Mami hingefahren und wieder abgeholt. Wenn unsere beiden nachmittags mit dem Bus zum Flötenunterricht fuhren, durfte Jens-Peter nicht mit. „Dazu ist er noch zu klein, zu jung, zu ungeschickt." Wenn Jens-Peter einmal hinfiel, was äußerst selten vorkam, denn er bewegte sich seinem Umfeld gemäß, wurde für jede Unbill der Krankenhaus-Notdienst strapaziert. Und einmal wollte seine Großmutter väterlicherseits den Klassenlehrer verklagen, weil er trotz einer gewissen Novemberkühle nicht auf den geplanten Ausflug zum Tierpark verzichtet und Jens-Peter sich so eine Erkältung zugezogen hatte.

Jede noch so kleine Leistung des Jungen wurde über Gebühr gelobt und von fünf Mündern den lieben langen Tag zermümmelt, bis sie am Abend Jens-Peters Erzeuger, wenn er abgeschlafft vom Dienst kam, noch vor der wohlverdienten Mahlzeit im Chor serviert wurde.

Kein Wunder, daß Jens-Peters erster verbürgter Satz als Schulanfänger: „Ich bin eigentlich schon schlau genug, sagt mein Opa" schnell die Runde machte.

Als Jens-Peter dann tatsächlich auf das Elite-Gymnasium des Stadtteils geschickt worden war, gab es Tage, an denen man seinen Altvorderen besser nicht begegnete, geschweige denn es wagte, sie anzurufen. „Hören Sie", erklang es dann am Telefon kurz angebunden, „dazu haben wir jetzt keine Zeit. Wir schreiben schließlich morgen eine Lateinarbeit."

Es versteht sich von selbst, daß eine Klassenreise, an der teilzunehmen ihn ausnahmsweise niemand hindern konnte, in der Villa wie ein Trauerfall behandelt und die Rückkehr des – zudem ziemlich lädierten – Knaben wie eine Auferstehung gefeiert wurde.

Als er sechzehn wurde und wie seine Mitschüler zur Tanzstunde ging, bestand die Familie darauf, ihn auch dorthin abwechselnd zu begleiten. Man setzte sich dann solange in ein Café, bis es Zeit war, ihn wieder abzuholen.

Wie er es aushielt, von seinen Mitschülern „Milchbubi, Muttersöhnchen, Weichei" tituliert zu werden? Wir haben es nicht erfahren, denn er war sehr schüchtern und guckte niemanden direkt an. Nach einem Umzug haben wir ihn aus den Augen verloren, aber er soll noch immer der Stolz seiner sechsköpfigen Eltern sein – warum auch nicht?

Sie haben doch gerade alle zusammen das Abitur bestanden.

Die Hollywood-Schaukel

Mit dem wunderschönen Grundstück hatten wir gleichzeitig eine überaus häßliche Hollywood-Schaukel erworben: schweres rostiges Metallgerüst unter mächtigem, vormals gelbem Wellplastik-Dach! Eine Scheußlichkeit, die von den Kindern gern zum sanften Schaukeln benutzt wurde, für uns aber einen ständigen Angriff auf unseren Geschmackssinn darstellte. War das Ungetüm an sich schon eine Zumutung, so wurde sie dadurch noch verschärft, daß es – völlig unpassend – auf naturbelassenem Waldboden unter ehrwürdige Kiefern und hohe alte Fichten gestellt worden war. Die Nadeln der großen Bäume, die in die Wellen der Plastikbedachung gefallen waren, hatten allerdings ein Gutes: Das kitschig-grelle Gelb war einem schmuddeligen Gelb-Braun-Grau gewichen und

somit nicht mehr ganz so auffällig. Trotzdem mußte das Ding weg. Wir hatten nur noch keine Zeit
gehabt, es abzubauen.

Eines Samstags hatten Daniel und ich wichtige
Einkäufe zu machen, bei denen wir die Kinder
nicht dabei haben wollten. Wir erlaubten ihnen
also, allein zu bleiben, mit der Auflage, das Grundstück nicht zu verlassen. Ihre Lieblingsessen und
-getränke sollten Susanne (11) und Sina (5) die Zeit
unserer Abwesenheit versüßen.

Als wir nach Stunden schwer bepackt zurückkamen, bot sich uns folgendes Bild: Unter einer
glänzend sattblauen Hollywood-Schaukel saßen
zwei ebenso blaubespritzte, erschöpfte, aber glücklich lächelnde Mädchen. Sie sahen uns erwar-
tungsvoll an und schienen zu denken: Wenn das
nicht ein Lob wert ist! Wir haben nicht nur aus
dem rostigen ein leuchtend blaues Gestänge gemacht, sondern das Dach säuberlich von Nadeln
und Moos frei gekratzt, um es anschließend auch
blau zu übermalen. „Gerade sind wir fertig geworden, und die Farbe ist auch alle", sagte eine strah-
lende besprenkelte Susanne und wischte sich die
klebrigen Hände an ihrer Schul-Jeans ab. Bevor ich
die Beherrschung verlieren konnte, brachte ich erst
einmal die Einkäufe in Sicherheit. Auf dem Weg
ins Haus hörte ich den Vater sagen: „Das habt ihr
aber fein gemacht, jede Stelle übermalt und nichts
ausgelassen."

Ich war ihm unendlich dankbar für diese Worte.
Die Hollywood-Schaukel blieb noch einige Jahre
stehen.

Kommentar

„Eine Generation von Stubenhockern" würde herangezogen. Schuld sei die Angst der besorgten Eltern, daß ihr Nachwuchs draußen zu Schaden käme. Deshalb würden die Kids im Auto zur Schule und zurück gebracht, dürften außerhalb der Vereine nicht Sport treiben auf Freiflächen und Wiesen oder sich mit Freunden in Parks treffen. In ihrem „Gefängnis Kinderzimmer" würden sie mit elektronischem Spielzeug überschüttet, um sie ans Haus zu binden. Dieses und weiteres teilt das „Hamburger Abendblatt" in seiner Ausgabe vom 20. 3. 99 mit. Es beruft sich dabei auf eine mit EU-Mitteln geförderte Studie der Londoner Wirtschaftshochschule LSE, in der das veränderte Freizeitverhalten von Kindern im Alter von sechs bis 17 Jahren erforscht wurde.

Dieses Ungleichgewicht zwischen Angst und Vertrauen beobachte ich schon seit vielen Jahren: Das erste, was mir Schulanfänger im Jahr 1971 aus ihrem Umfeld berichteten, war die angelernte Angst vor „Mitschnackern" (Hamburger Ausdruck für männliche Sexualtäter). Dabei ist in den fast dreißig Jahren, die ich hier in unserer schönen, baumreichen Wohngegend lebe, bisher kein einziger Fall von ernsthaftem Sexualdelikt im Außenraum angezeigt worden (die Dunkelziffer mag wohl in den Familien liegen, doch der Täter bedarf dort des „Mitschnackens" nicht), wohl aber das Auftauchen von Exhibitionisten, die bekanntlich nicht gefährlich, sondern nur krank sind.

Als ich bei einer Elternversammlung anregte, daß die Kinder nachmittags in Gruppen im kleinen nahegelegenen Wäldchen Baumhäuser und Moosstädte bauen könnten, wurde ich fast gelyncht. Aber niemand konnte mir auch nur ein gefährliches Ereignis im Zusammenhang mit dem Spielen im Wald nennen. Lieber lassen Eltern die Fantasie- und Geschicklichkeitskräfte ihrer Kinder in umzäunten Ziergärten einsam verkümmern, als daß sie ihnen Vertrauen schenken. Natürlich sollen Eltern ausgiebig über das Verhalten bei echten Gefahrensituationen in der Natur und im Straßenverkehr informieren, aber ohne dabei eigene Ängste diffus auf die Kinder zu übertragen. Wie sollen Kinder denn lernen, auch einmal schwierige Situationen zu meistern, wenn nicht durch Erleben und Erfahren?!

Eine heute leider schon fast ungewöhnliche Haltung zeigte Frau Leber, die Mutter der neunjährigen Maren in unserer Straße. Maren sagte eines Tages, sie wolle mal allein mit dem Bus in die Stadt fahren, um von ihrem Taschengeld für die Freundin ein Geburtstagsgeschenk zu kaufen. Frau Leber erklärte genau, welchen Bus Maren zu nehmen hätte an welcher Haltestelle, gab ihr das nötige Kleingeld und eine Telefonkarte und machte mit ihr aus, wann sie spätestens zurück sein sollte. Beide waren bester Laune beim Abschiedsküßchen, die Mutter wegen der Selbständigkeit der Tochter und die Tochter wegen der Vorfreude. Wenn das nicht leider die hysterische Nachbarin mitbekommen hätte! Sie setzte der vertrauensvollen Mutter mit ihrer künstlichen „Was alles passieren kann-Angst" so zu, daß diese besonnene Frau tatsächlich

im Laufe des Nachmittags bei mir, der Klassenlehrerin des Mädchens, anrief, um sich zu erkundigen,
ob sie wohl fahrlässig gehandelt hätte – was ich ihr
natürlich ausredete. Der Nachbarin wäre es wohl
lieber gewesen, es wäre tatsächlich etwas passiert,
denn sie ließ sich von Marens fröhlicher Bericht-
erstattung über ihre Nachmittagserlebnisse nicht
beeindrucken. Solche Panikmacher lassen ihre
Erben lieber bei herrlichstem Wetter vor dem Fernseher hocken, wo sie dann sehen können, wie fremde Kinder fremde Abenteuer erleben – und wenn
es brenzlig wird, schalten sie auf ein anderes Programm.

So ähnlich lagen die Dinge auch bei Jens-Peter.
Er hatte das Pech, einziges Kind und Enkelkind zu
sein und in eine Familienkonstellation zu geraten,
in der die Erwachsenen – bis auf den Vater – keine
anderen eigenen befriedigenden Lebensinhalte ent-
wickelten. Die Fokussierung auf ihn war so mächtig, daß er sich nicht entziehen konnte, und obwohl
ihm alles abgenommen wurde, war er gleichzeitig
auch überfordert durch den Erwartungsdruck, der
auf ihm ruhte. Jede seiner Handlungen wurde so-
gleich begutachtet. Er hatte keine Chance, Fehler
zu machen und konnte kein Vertrauen in sich
selbst entwickeln, weil ihm aus Überängstlichkeit
auch kein Vertrauen entgegen gebracht wurde. Vielleicht nutzt er später die Gelegenheit, auswärts zu
studieren, und vielleicht findet Jens-Peters Mutter
bald einen Halbtagsjob?!

Vertrauen schenken bedeutet immer auch ein
Risiko eingehen. Es kostet Kraft, die Angst vor
möglichen Gefahren, in die das Kind geraten könnte, zu überwinden. Dafür eröffnen wir aber dem

Kind Chancen, die es nutzen kann und die es in der Entwicklung weiterbringen können.

Natürlich hätte sich die winzige Sina bei ihrem nächtlichen Gang durch die Wohnung verletzen können, aber hätten wir sonst herausbekommen, daß ihr Widerstand gegen den Schlaf vor allem an dem Eingesperrtsein lag? Und wenn sie nicht die Chance gehabt hätte, uns schlafend zu sehen, wäre dann nicht ihre ungestillte Neugierde noch weiter gewachsen?

Der Schock beim Anblick der grellblauen Hollywoodschaukel wäre auch zu vermeiden gewesen, wenn einer von uns zu Hause geblieben wäre oder wir eine Aufsichtsperson geholt hätten. Aber hätten die Mädchen dann erfahren, wie schön es ist, sich mit Farbe einzuschmieren und eine selbstgewählte Aufgabe zu vollbringen?!

Unseren Freunden Helga und Gerhard ging es ähnlich wie uns. Als sie nach längerer Abwesenheit ins Haus zurückkamen, hatten die Kinder den Keller unter Wasser gesetzt. Sie hatten mit einem Schlauch „Wasserfall" die Treppe hinunter und „Überschwemmung" mit kleinen Booten für Puppen gespielt. Helga und Gerhard rasteten aus. Sie schrien und tobten so lange, bis Helgas Mutter vom Nachbarhaus kam. Tatkräftig organisierte sie Hilfe und sagte, als das elterliche Gemaule kein Ende nehmen wollte: „Aber bedenkt doch einmal, wieviel Spaß die Kinder dabei gehabt haben!"

Jean Liedloff beschreibt in ihrem eindrucksvollen Buch „Auf der Suche nach dem verlorenen Glück", wie sie als Amerikanerin zunächst mit Unbehagen bei den Yequana-Indianern in Venezuela das angstfreie und vertrauensvolle Aufwachsen der Kinder beobachtete. Wenn ein Krabbelkind sich z. B. ungehindert auf eine anderthalb Meter tiefe Grube zubewegte, wollte sie es anfangs immer „retten", bis sie erkannte, daß das Kind dadurch in einem Entwicklungs- und Erfahrungsprozeß gestört wird. Weil ein gesundes Baby keine selbstmörderischen Neigungen hat , statt dessen viel eher eine ganze Reihe von Überlebensmechanismen trainieren will, können die Yequana-Mütter auf den sicheren Instinkt ihrer Kleinen wie auf ein Naturgesetz bauen.

Wie anders dagegen das gekünstelt ängstliche Erziehungsverhalten vieler unserer Zeitgenossen. Es scheint mir, daß sie selbst kein Urvertrauen kennengelernt haben, was für die gesunde Entwicklung des kleinen Kindes so überaus wichtig ist. Vielleicht haben sie nie erfahren, wie es ist, wenn sie sich eins fühlen mit ihrer Welt und in der Sicherheit leben, daß ihnen nichts Böses geschehen kann; das nämlich bedeutet Urvertrauen.

Letzten Sonntag gingen Daniel und ich in der Fischbeker Heide (bei Hamburg) spazieren. Wir freuten uns über etliche junge Einkindfamilien, die den schönen Frühlingstag draußen genossen. Ein etwa zweieinhalbjähriger Wicht arbeitete mächtig mit seinem Bollerwagen herum (in dem er offensichtlich hergefahren worden war), zog und schob und probierte alles, um ihn zu beherrschen. Seine Eltern schauten ihm scheinbar gelassen zu. Kaum aber näherte sich der Wagen, dessen Deichsel der eifrige Junge zu manipulieren versuchte, einer kleinen, höchstens dreißig Zentimeter tiefen Bodendelle, riefen die Eltern in vereintem sorgenvollem Entsetzen, er solle den Wagen sofort zurückziehen, sonst würde er in den „Abgrund" gezogen. Schade um die verpaßte Gelegenheit! Der lebendige Kleine hätte viel lernen können über Zugkraft von großen Gegenständen. Vielleicht hätte er sich im letzten Augenblick entschieden, das Fahrzeug loszulassen. Oder er wäre vom Gewicht des Gefährts die Stufe mit hinuntergezogen worden und in den Sand gerutscht. Na und?!

Konfuzius (551–479 v. Chr.) sagt:

Erzähle mir – und ich vergesse.
Zeige mir – und ich erinnere.
Laß es mich tun – und ich verstehe. a. M.

3. Zwischen Verwöhnung und Verantwortung

Robert und die Fischstäbchen

Herr Schliebowski kam aus Polen und brachte mir seinen stämmigen Sohn Robert in die zweite Klasse mit den Worten: „Er soll lernen, immer lernen. Wenn nicht, sag Bescheid!" Und Robert lernte, was das Zeug hielt. Bei seinen Mitschülern hieß er bald Robby, war aber draußen während der Pausen wesentlich beliebter als drinnen im Klassenraum, was mir ein Rätsel war. Konnte ich am Anfang noch Freiwillige finden, die sich neben ihn setzten, so weigerte sich bald die ganze Klasse, Robby zum Tischnachbarn zu nehmen. Meine Nachfragen führten zu keiner Klärung: Nein, sie hätten nichts gegen ihn – ja, er sei ein netter Kerl –, nein, er täte niemandem etwas . . . Schließlich erbarmte sich Inka meiner Ratlosigkeit und sagte mir unter vier Augen: „Wir mögen ihn nicht riechen!"

Und tatsächlich merkte ich es jetzt auch, daß von dem adretten und akkurat gekleideten Knaben ein permanenter Bratfischgeruch ausging. Es half nichts, Vater Schliebowski mußte in die Schule gebeten werden. Nachdem er begriffen hatte, daß an Roberts schulischen Leistungen und seinem Fleiß nichts auszusetzen war, entspannte er sich, und ich konnte von dem störenden Geruch berichten. Völlig unerwartet schlug Roberts Vater mir begeistert auf die Schulter und verkündete strahlend: „Hätte ich Frau mitgebracht! So kann sie hören, was du sagst. Nicht jeden Tag und jeden Tag Fischstäbchen für Robert!" – Ich erkundigte mich erstaunt: „Ißt Robert wirklich täglich Fischstäbchen?" – „Sag ich doch", erwiderte Herr Schliebowski, „komme ich Treppe hoch von Arbeit, rieche ich Fischstäbchen. Gehe ich in Wohnung, sehe ich Fischstäbchen. Immer, immer !" – „Wie lange geht das denn schon so?" fragte ich. „Kann sein so sechs Wochen", antwortete der Mann und schüttelte resigniert den Kopf. „Aber das ist ungesund, wenn ein Kind immerzu nur ein bestimmtes Gericht ißt", gab ich zu bedenken. „Mußt du Frau sagen. Sie kocht, weil Robert so will", beschied mich der Vater. Frau Schliebowski konnte aber kein Deutsch und war nicht zu bewegen, in die Schule zu kommen. Da nahm ich in der großen Pause Robert beiseite und sprach ihn direkt auf seine Leidenschaft für die fischigen Stäbe an. Er bekannte, daß ihm die Dinger auch schon zum Halse heraushingen. „Aber warum verlangst du sie dann trotzdem immer wieder?" wollte ich wissen. Er grinste. „Es macht Spaß, wenn Papa nach Hause kommt und schimpft." Und nach einigem Zögern ergänzte der Junge ernsthaft: „Mama muß immer kochen, was ich will." – „Dann kannst du ja von jetzt ab etwas anderes wollen", entfuhr es mir, „damit du besser riechst." – „Geht klar", sagte Robert, „ab morgen muß sie wieder Bigosch machen." – Mißtrauisch fragte ich nach: „Was ist das denn?" – „Das ist polnisch", klärte er mich auf, „Sauerkraut mit Fleisch und Pilzen." Nur gut, daß es ihm nichts mehr ausmachte, allein zu sitzen.

Und als Belohnung Dick und Doof

Ein Haus sauber machen zu müssen, auch wenn es ein kleines ist, und dann noch allein vor der Aufgabe zu stehen, war für mich immer ein Greuel. Jeden Freitag, wenn die Aktion dran war, fühlte ich mich als berufstätige Frau regelrecht bestraft. Ich hatte schlechte Laune, wäre am liebsten geflüchtet und wünschte mir sehnlichst eine Haushaltshilfe. Aber dazu fehlte in den ersten Jahren das Geld.

An einem Donnerstagabend nahm ich all meinen Mut zusammen und fragte meine drei, ob wir die Putzerei nicht gemeinsam machen könnten. Und siehe da, sie waren viel schneller einverstanden, als ich befürchtet hatte. Susanne (9) bat sich nur aus, nicht Staub wischen zu müssen und bekam das Staubsaugen als Aufgabe. Daniel konnte sogar seinen Stundenplan an der Hochschule ändern und war fortan für die Naßräume zuständig. Sina (4) war begeistert, sie durfte alle Fensterbänke innen und außen abwischen. Mit ihrem roten Eimerchen und der bunten Plastikschürze fühlte sie sich sehr wichtig und ging gleich ans Werk. Sie sang dabei und erzählte dem Putzlappen Geschichten und brauchte mindestens so viel Zeit für ihre Arbeit wie wir für unsere. Mir fielen zwar das undankbare Staubwischen und die „Reste" zu, aber ich war richtig erleichtert. Statt zu meckern und zu stöhnen, machte ich nun Musik an, und innerhalb von knapp drei Stunden war unser Häuschen blank. Und dann kam das beste: Wir versammelten uns abends um sechs mit Getränken und Salzstangen vor dem Fernseher und sahen uns mit Vergnügen die Sendung „Väter der Klamotte" an, die für jedes Alter verständlich und witzig war. Buster Keaton, der todernste Komiker, Laurence und Hardy als „Dick und Doof" und diese freche Kinderbande, deren Namen ich nicht mehr weiß, belohnten uns für unsere Arbeit und stimmten uns auf das Wochenende ein.

Überall ist Kinderzimmer

Manche Hausbesuche ähneln Urwaldexpeditionen.
Die Wohnungstür geht nur einen Spalt auf, weil ein Quietsche-Entchen sich darunter verklemmt hat. Nachdem das beseitigt ist, rutsche ich im Flur auf einem Lätzchen aus. Ich kann mich gerade noch an der Garderobe festhalten, finde aber keinen Haken für meinen Mantel, denn überall hängen Kinderklamotten. Auf dem Weg zum Wohnzimmer muß ich meine Füße so vorsichtig setzen wie auf Glatteis und finde mühevoll ab und zu eine freie Stelle zwischen Holzeisenbahnen, Plastikfigürchen und Legoteilen. Erleichtert lasse ich mich in einen Sessel fallen und schnelle sofort wieder hoch. Ich muß ihn teilen mit Teddy und Nuckelflasche. Die erhitzte Mutter schiebt Berge von Spielzeug ihres Jüngsten (Dominique, 3) in eine Zimmerecke, fegt Hartbilderbücher und Bauklötze vom Tisch und schafft so ein winziges Plätzchen für unsere Kaffeetassen. Zu einem Gespräch über Maurice (7), um dessentwillen ich hier eigentlich sitze, kommt es nicht, weil Dominique unentwegt Plüschtiere und Enid Blyton-Kassetten auf meinen Schoß häuft und mich lautstark zum „Mitspielen" animiert. So lasse ich mir nur noch eben den Platz

zeigen, an dem Maurice seine Hausaufgaben zu machen pflegt. Es ist ein Tischchen neben dem Fernseher (der meinetwegen ausnahmsweise mal abgestellt wurde).

Als ich voller Verständnis für diese beengten Wohnverhältnisse ihnen allen wünsche, daß sie bald eine größere Wohnung finden möchten, damit sie endlich wenigstens ein Kinderzimmer haben könnten – begehren Mutter und Sohn in solidarischer Entrüstung auf. Sie haben doch eins, sogar ein ziemlich großes! Das darf ich auch zum Abschluß gerne sehen. Es unterscheidet sich nur insofern von den anderen Räumen der Wohnung, als es noch mehr Spielzeug enthält und mir garantiert unbetretbar für Erwachsene zu sein scheint.

Später erfahre ich von Nachbarn dieser Familie, daß der Vater Abend für Abend zunächst erst dreimal laut vor dem Miethaus hupt, dann in seinem Auto sitzen bleibt und Zeitung liest, bis Maurice ihn holt. So gibt er seiner Frau Gelegenheit, wenigstens den Küchentisch für das Abendbrot freizuräumen.

Die Schramme

Ute (3. Klasse) war in der Pause auf dem Schulhof beim Fangenspielen hingefallen und hatte sich das Knie ein wenig aufgeschürft. Das tut bekanntlich ziemlich weh. Aber Ute verzog nur das Gesicht und weinte nicht. Ich besah mir die Wunde, ermahnte das Mädchen, auf keinen Fall daran herumzuwischen, schon gar nicht mit Wasser, und bot ihr an, das Bein auf einen Stuhl zu legen. Von einem Pflaster riet ich ab, weil die Wunde darunter oft unangenehm näßt und so die Heilung verzögert wird. Das sah sie ein und machte dann wie immer prima im Unterricht mit. In der nächsten Pause konnte sie bei mir im Klassenraum bleiben, um das Bein zu schonen, und ich erzählte ihr, daß ich in ihrem Alter nur selten heile Knie hatte, weil ich sie mir auch immer beim Herumjagen aufschlug. Am Ende des Schulvormittags war das Blut an der Schramme so weit getrocknet, daß Ute ganz gut gehen konnte, wenn sie das Knie ein bißchen steif hielt. Weit hatte sie eh nicht zu laufen, denn Utes Mutter holte sie immer – gegen den Wunsch ihrer Tochter – mit dem Zweitwagen von der Schule ab.

Zu Hause hatte ich gerade angefangen, das Mittagessen für meine Kinder vorzubereiten, als mich mein Schulleiter anrief. Utes Mutter habe sich über meine Roheit beschwert, und auch er müsse mir sagen, daß ich grob fahrlässig gehandelt habe. Auf meine erschrockene Reaktion hin erfuhr ich, daß man im Fall eines solchen Sturzes auf dem Schulhof zunächst die Sorgeberechtigten anzurufen hätte, damit diese das Kind abholen und mit ihm zum Arzt fahren könnten. Oder – bei Nichterreichen der Erziehungsberechtigten – hätte ich das Mädchen zum Hausmeister bringen müssen, damit er es zu dem Arzt hätte bringen können, der für die Schule zuständig sei.

„Alles wegen einer Schramme?" fragte ich ungläubig nach. Der Schulleiter beschloß, die Frage zu überhören und teilte mir mit, er habe sein gesamtes diplomatisches Geschick aufwenden müssen, um Utes Mutter von einer Meldung beim Schulrat abzuhalten. Das würde ihm im

Wiederholungsfall sicher nicht noch einmal gelingen.

Ich murmelte einen mechanischen Dank. Aber noch an demselben Abend schrieb ich eine Einladung zum Elterngesprächskreis mit dem Zentralthema „Erziehung zu Eigenverantwortlichkeit – oder?" Das Bedürfnis, dem „oder" irgend etwas in der Art von „Aufzucht von Weicheiern" hinzuzufügen, unterdrückte ich.

„Don't spoil the child!" (Verdirb das Kind nicht!)
sagen die Engländer, wenn ein Kind zu sehr verwöhnt wird. Das trifft die Sache ziemlich genau,
denn wer immer verwöhnt wird, ist für vieles verdorben. Verdorben für soziales Engagement ebenso
wie für ein harmonisches Zusammenleben in der
Familie, denn der Verwöhnte hält sich grundsätzlich für etwas Besseres und stellt seine egoi-
stischen Bedürfnisse ohne Scheu in den Mittel-
punkt jeder Gemeinschaft. „Verwöhnter Balg" stöhnen die erwachsenen Party-Gäste, wenn in ihre
Festtags- und Freizeitstimmung hinein ständig ein
mitgebrachtes Kind tobt und schreit. Wer hat in einer solchen Situation eigentlich wen verwöhnen
wollen? In erster Linie doch die Eltern des Kindes
sich selber, denn sie machten es sich billig und bequem, indem sie den Nachwuchs nicht zu Hause
vom Babysitter betreuen ließen, andererseits aber
auch nicht auf das Partyvergnügen verzichten wollten. Dabei verderben sie eine Menge: den Gästen
die Laune, sich das Wohlwollen der Gastgeber und
dem kleinen Menschen einen kindgerechten Abend,
nämlich im Bett. Bequemlichkeit treibt Eltern oft
dazu, ihre Sprößlinge zu „verwöhnen". Ich ertappe-
te mich dabei, Sina mehr als Susanne zu erlauben,
manchmal aus der Einsicht heraus, daß ich beim
ersten Kind zu streng gewesen war, manchmal aber
auch aus Ermüdung. Konsequenz strengt nämlich
an. Der Psychologe Erwin Ringel spricht anstelle

von Verwöhnung treffend von „Verzärtelung", die zu Angst vor dem Selbständigsein führen kann.

Im Fall der Mutter von Dominique und Maurice trug sicher auch Inkonsequenz, Unfähigkeit und mangelndes Organisationsvermögen zur Verwöhnung der Kinder bei. Gleichzeitig war das Bedürfnis der Frau nach Eigenraum im räumlichen und zeitlichen Sinn unterentwickelt oder verschüttet. Im öffentlichen Ansehen sind solche Mütter meist hoch angesiedelt. „Sie opfert sich auf für ihre Kinder", heißt es in einem Ton mitleidiger Ehrerbietung von einer Frau, die kein Eigenleben mehr beansprucht.

Diese Mutter meint vielleicht, durch ihre Selbstlosigkeit könnte sie ein Vorbild für ihre Kinder sein. Zumeist werden ihre Erwartungen aber enttäuscht, weil die Kinder in der Mutter vor allen Dingen jemanden sehen, den sie ausnützen können. Es gibt deshalb nichts, was dem Kind besser die Erfahrung von Liebe, Freude und Glück vermitteln könnte, als wenn es von einer Mutter geliebt wird, die sich auch selber liebt.

Dabei ist der Schritt von dieser Art von Verwöhnung zur Verwahrlosung nur klein. Verwöhnung in Form von unkontrolliertem Gewährenlassen ohne grenzsetzende Regeln kann nämlich nicht nur zu Chaos im Äußeren, sondern auch zur inneren Unübersichtlichkeit, zur ungeordneten Zufälligkeit der Gedanken führen und somit in eine gewisse Haltlosigkeit und Verwahrlosung.

Auch Dominique und Maurice wurden mit Spielzeug „verwöhnt", ja geradezu überschüttet, aber ihre Mutter hatte den Überblick verloren, und so waren sie nicht in der Lage, mit ihren unzähligen

Spielsachen überhaupt zu spielen. Das Chaos war so gewaltig, daß alles Tun dem Zufall überlassen wurde. Was ihnen zufällig unter die Füße geriet, hatte die größte Chance, zertreten oder aufgehoben, jedenfalls beachtet zu werden, aber ein zielgerichtetes Spiel war so nicht möglich. Den beiden hätte ich gewünscht, daß sie an dem Konzept eines spielzeugfreien Kindergartens teilnehmen dürften, damit sie ihre Fantasie ausgraben könnten und einmal erlebten, wie ein leerer Raum aussieht.

Bei Roberts Mutter hatte die Hörigkeit dem Sohn gegenüber sicherlich noch andere Gründe. Er war ihre einzige Aufgabe in der Fremde, ihr Lebensinhalt, ihr Abgott. Gern erfüllte sie ihm jeden Wunsch und wenn er noch so ungesund war, nur um seine Liebe nicht zu verlieren. Dabei realisierte sie nicht, daß er sie behandelte wie eine manipulierbare Maschine. Er entwickelte Anzeichen von Größenwahn gegenüber seiner Mutter und spielte auch geschickt die Eltern gegeneinander aus. Liebe kann durch Verzärtelung nicht erkauft werden. Im Gegenteil. Robert sprach voller Achtung von seinem Vater und voller Verachtung von seiner Mutter.

„Wer sich wie ein Putzlappen benimmt, wird auch wie ein Putzlappen behandelt", diese sehr harte Aussage machte einmal ein Psychologe einer Mutter gegenüber, die sich beklagte, daß ihre erwachsenen Kinder, denen sie ihr Leben lang jeden Wunsch von den Augen abgelesen habe, sie jetzt im Alter allein ließen.

Aber was Verwöhnung überhaupt ist, darüber gibt es von Kultur zu Kultur und von Generation zu Generation unterschiedliche Meinungen. Als wir beschlossen, unsere Babys nicht nächtelang vor Hunger schreien zu lassen, wie es unsere Eltern mit uns gemacht hatten, da war das in den Augen der Großeltern eine unmäßige Verwöhnung und Verweichlichung. Aber auch sie hatten (zu unserem Glück) protestiert gegen den Spruch ihrer Eltern: Nur der liebt seine Kinder, der sie regelmäßig züchtigt.

Was ist also Verwöhnung? Für mich ist sie da, wo unechte, dem Alter und den Umständen unangemessene Wünsche erfüllt bzw. Bedürfnisse immer sofort befriedigt werden: Neulich kaufte ich Schuhe in einem Fachgeschäft. Ich wurde von der Chefin selbst bedient. Mitten in das Verkaufsgespräch drängelte sich ihr etwa zwölfjähriger Sohn mit der lautstarken Forderung nach Geld für ein Eis. Die abwinkenden Gesten der Mutter nahm er gar nicht wahr. Er quängelte so lange herum, bis die Frau mich mit hochrotem Kopf um Entschuldigung bat, sie müsse die Bedienung eben kurz unterbrechen, um den Wunsch des Sohnes zu erfüllen. „Er gibt sonst keine Ruhe", sagte sie entschuldigend, als sie zu mir zurückkehrte. Sie konnte sich freuen, daß ich geblieben war.

Verwöhnung liegt für mich auch vor, wo Überfülle und Überfluß herrschen und wo Verzicht als Zumutung empfunden wird: In einer vierten Klasse erlebte ich Empörung bei einem Neunjährigen, weil er zum Geburtstag statt des teuren Marken-T-Shirts, das angeblich alle seine Freunde hatten, „nur" ein vergleichbares preiswerteres von seinen Eltern erhalten hatte. Ich wußte wie er, daß sein Vater gerade arbeitslos geworden war und seine Mutter die Haushaltskasse mit Putzen aufbesserte.

Er hätte froh sein sollen, daß er überhaupt ein Geschenk bekommen hatte.

Wo das Kind dauernd geschont wird, ihm nichts abverlangt wird, wo es immer nur nehmen darf, ohne zu geben, ist Verwöhnung an der Tagesordnung: wenn Kinder unentwegt von der Mutter bei Tisch bedient werden, sich noch nicht einmal – nach Maß und Kräften – am Abräumen beteiligen und selbst nach freundlicher Aufforderung zur Mithilfe sich nur maulend dazu bequemen.

Auch da, wo dem Kind Dinge aufgedrängt werden, macht sich Verwöhnung breit: Im Bus beobachtete ich eine Oma, die ihrem etwa sechsjährigen Enkel ein Stückchen Würfelzucker aufdrängen wollte, obwohl er nach gar nichts verlangt hatte. Der Enkel weigerte sich standhaft, indem er die Lippen fest aufeinander preßte. Sie murmelte etwas von „ungezogen" und gab schließlich auf. Mir kam spontan „ungebildet" in den Sinn, denn es hatte sich offensichtlich noch nicht zu ihr herumgesprochen, daß Zucker nur ein Würz- und nicht ein Lebensmittel ist.

Bert Hellinger, der bekannte Familientherapeut, sagt in einem Gespräch mit Gabriele ten Hövel: „Das Kind kann keine seelische Kraft gewinnen, wenn alles erlaubt ist . . . Es kann sich nicht orientieren, . . . es kann keine Ich-Stärke entwickeln."

Wenn die Eltern allerdings selbst zu den von Kindheit an Verwöhnten gehören, bleibt zu hoffen, daß ihr Dauerkreisen um die eigenen Bedürfnisse durch eine Krise gestört wird wie im folgenden Fall: Die Zwillinge Ulrike und Sarah aus der dritten Klasse (Sinas Mitschülerinnen) hatten einen reichen Vater, einen Kaugummi-Fabrikanten. Sie trugen immer die gleichen Designer-Klamotten, und zwar jeden Tag andere. Als Ulrike bei einem Sportfest auf der Laufstrecke fiel und sich so ein kleines Loch in Kniehöhe des neuen rosefarbenen Designer-Jogginganzugs riß, wurden beide Mädchen von der Mutter sofort in die entsprechende Boutique gefahren und kamen – vor Ende des Sportfestes – beide in neuen bleufarbenen Designer-Jogginganzügen wieder. Da kam die Krise wie ein Segen: Der Vater verließ Weib und Kinder wegen einer jüngeren Geliebten und überwies fortan nur noch den Pflichtbetrag. Die Umstellung von der Verwöhnung zur Verantwortung tat den dreien richtig gut. „Jetzt kann man sogar mit denen Kallamatsch (im Matsch) spielen", urteilte Sina, und das war als Lob gemeint.

Abschließende Bemerkungen I

Sind Ihnen die Fragen vom Anfang des Kapitels während des Lesens durch den Kopf gegangen?

Haben Sie sich wiedererkannt, oder konnten Sie bestimmte Verhaltensweisen für sich ganz ausschließen?

Sie sind die idealen Eltern, wenn Sie
Ihr Kind lieben,
es nicht schlagen,
sich auf die Ablösung vorbereiten,
sich und Ihr Kind weder über- noch unterfordern,
meistens in den Tag hineinleben,
sich über Zeichen von Selbständigkeit beim Kind freuen,

auch einmal das Alleinsein genießen,

mehr Vertrauen als Kontrolle walten lassen, aber nicht jedes Geschenk für das Kind unbesehen akzeptieren,

auf die Gefühle des Kindes angemessen eingehen,

feste Rituale pflegen,

Ihre Eifersucht bremsen,

auch mal Blödsinn mitmachen

und wenn Sie es fertig bringen, statt Strafe lieber Wiedergutmachung zu verlangen.

Aber wer von uns ist schon eine ideale Mutter oder ein idealer Vater? Wir sind es nicht, und wir müssen es nicht sein, solange wir gemeinsam mit unseren Kindern unterwegs sind!

Teil II: Während der Ablösung

Halten wir das durch?

Einleitende Fragen II

Halten Sie die Verhaltensweisen des/der pubertie-
renden Jugendlichen aus?
Denken Sie manchmal an Ihre eigene Pubertät?
Haben Sie Geduld und Langmut?
Schlucken Sie den Ärger immer runter, oder
schreien Sie auch mal?
Wünschen Sie Ihren Nachwuchs manchmal da-
hin, wo der Pfeffer wächst?
Verstehen Sie Ihr Kind noch?
Haben Sie gemeinsame Interessen?
Unterhalten Sie sich manchmal mit dem Ehepart-
ner, der Freundin oder anderen Eltern über Ihren
Sohn bzw. Ihre Tochter?
Wie ist der Kontakt zur Schule?
Haben Sie manchmal Angst vor Ihrem Kind?
Machen Sie sich Sorgen um die Entwicklung des
Kindes?
Versuchen Sie bei sich Verhalten zu vermeiden,
das Sie schon bei Ihren Eltern nicht mochten?
Entschuldigen Sie sich manchmal bei Ihren Kin-
dern?
Haben Sie eine bestimmte Vorstellung davon, wie
und was Ihre Kinder werden sollten?
Haben Sie manchmal Wut auf Ihre Brut?

Sind Sie konsequent im Durchhalten von Regeln?
Lassen Sie auch mal „fünfe gerade" sein?
Ertappen Sie sich oft bei endlosen Vorhaltungen?
Verwöhnen Sie Ihr Kind gelegentlich und sich selbst auch?
Bringen Sie es fertig, ab und zu einmal über der Situation zu schweben und dann herzlich zu lachen?

1. Zwischen Festhalten und Loslassen

Roswitha und die Katze

Unsere Freundin Roswitha hat einen Hund und eine Katze, die sie überallhin mit auf Reisen nimmt. Sie sind ihre „Kinder". Sie heißen „Sherry" und „Maunzi". Sie spricht mit ihnen. Sie schlafen bei ihr. Sie sorgt sich um sie wie eine Mutter.

Als sie mit ihren Tieren wieder einmal auf der Insel Urlaub macht, auf der sie ein kleines Häuschen besitzt, darf ich sie besuchen. Ich liege im Liegestuhl mit Blick auf das nahe Meer, umgeben von üppigen Pflanzen, die Sonne über mir – und der blaue Himmel! Es kommt mir vor wie im Paradies, bis auf die Tatsache, daß Hund und Katze angeleint sind. An langen Gummileinen!

So wird die herrliche Ruhe immer wieder unterbrochen von Gejaule oder Gemaunze, weil sich eins der Tiere beim Herumstreifen mit der Leine um einen Busch gewickelt hat. Roswitha steht auf, redet begütigend auf das Tier ein und entwirrt die Strippe. Kaum hat sie sich aufatmend wieder in ihren Liegestuhl fallen lassen, geht alles von vorne los.

Ich versuche vorsichtig, den Sinn der Leine im Fall des Hundes in Frage zu stellen, denn ich weiß, daß Sherry eh bei Frauchen bleiben würde. Er ist viel zu alt für weitschweifende Neugierde und außerdem ziemlich bequem. Zu meiner Überraschung stimmt Roswitha ohne Zögern zu und macht seine Leine vom Halsband ab. Die Zeiträume zwischen dem Aufstehen und wieder In-den-Liegestuhl-plumpsen-Lassen verdoppeln sich in etwa, so daß wir in der Lage sind, einige Sätze in Ruhe zu Ende sprechen zu können. Aber Roswitha scheint die Inanspruchnahme fast zu vermissen und richtet ihre gesamte Aufmerksamkeit nun auf das Treiben von Maunzi. Mit vorauseilender Hilfsbereitschaft springt sie jetzt schon auf, wenn es den Anschein hat, die Katze könnte sich in ihrem Bewegungstrieb an Stein oder Pflanze behindert fühlen. Ich greife zu einem Buch und lasse mich vom Auf und Ab neben mir nicht mehr stören.

Nachdem es zwei Tage so weiter gegangen ist, wenn wir uns vor dem Häuschen sonnen und ausruhen wollen, wage ich den Angriff auf die Katzenleine. Da wir zu Hause selbst einen Kater haben, fühle ich mich durchaus in der Lage, genügend Argumente gegen das Anleinen von Katzen vorzubringen. Die treue Rückkehr zum Haus und Grundstück hatte ich über Jahre bei unterschiedlichen Katzen immer wieder beobachten können. Ihr vorsichtiges Erkunden der Umgebung (wenn sie nicht gerade rollig sind), ihr striktes Vermeiden von Wasser – all das spricht dafür, daß auch Maunzi ohne Leine hier nicht verloren gehen würde.

Roswitha streubt sich nach Kräften. Sie befürchtet das Schlimmste und spielt ihre ständige Alarmbereitschaft herunter. Aber dann wagt sie einen Versuch. Die Leine wird eingezogen. Zunächst merkt Maunzi gar nicht, daß sich ihr Radius vergrößert hat und bleibt in dem Gärtchen, doch auf einmal ist sie nicht mehr zu sehen.

Nun beginnt Roswithas Martyrium. Wenn ich vor allem hätte erreichen wollen, daß sie endlich einmal zur Ruhe kommen würde, dann war das Gegenteil der Fall: Sie springt auf, setzt sich hin, geht bis zur Gartenpforte, läuft ans Meer, holt den Feldstecher – mit allen Anzeichen höchster Angst. Schließlich beginnt sie zu rufen: „Mau-au-n -zi-i!" Ohne Erfolg! Ihre Sorge schlägt in Aggression gegen mich um. „Hätte ich nur nicht auf dich gehört! Das arme Tier wird nicht wieder zurückfinden! Womöglich verletzt es sich . . ." Meinen Hinweis darauf, daß ja erst eine halbe Stunde vergangen sei, überhört Roswitha und macht sich sofort zu den relativ entfernt wohnenden Nachbarn auf. Ich bleibe mit gemischten Gefühlen zurück: Einerseits finde ich ihre Ängste total voreilig und übertrieben, andererseits bekomme ich ein schlechtes Gewissen.

Während ich auf den Hund aufpasse und noch darüber nachdenke, wie ich helfen könnte, die Katze zu finden, taucht Maunzi auf, läuft schnurstracks zu ihrem Wassernapf und trinkt ihn leer. Dann streckt sie sich, legt sich neben Sherry in den Schatten und schläft ein.

Als Roswitha erhitzt, erfolglos und den Tränen nahe zurückkommt, stürzt sie sich auf die Katze, reißt sie in die Arme, überschüttet sie mit Koseworten und herzt sie so, daß das überrumpelte Tier – ganz gegen seine sonstige Art – die Krallen in ihre Bluse schlägt und sich dadurch befreit.

Meine Befürchtung, nun würde Maunzi wegen der erlittenen Ängste für alle Zeiten an der Leine gehalten werden, erfüllt sich zu Roswithas Ehre nicht. Es dauert zwar noch einige Tage, bis sie entspannt auf die Rückkehr der Katze vertrauen kann, aber dann ist sie zu meiner großen Freude in der Lage, schon mal ein kleines Stündchen in der Sonne liegenzubleiben.

Du Arme! Ich würde vor Sorge sterben!

Wir finden es gut, wenn unsere Kinder Möglichkeiten nutzen, die wir wegen der Kriegs- und Nachkriegszeiten nicht hatten. Besonders allen Aktivitäten, die der Völkerverständigung dienen, sind wir sehr zugeneigt. So halfen wir nach Kräften, als die „Große" mit 16 für ein Jahr in die USA reiste und genauso, als die „Kleine" noch früher (mit gut 15 Jahren) noch weiter weg (nach Australien) flog. Ich will nicht behaupten, daß es mich total kalt ließ, als wir die erste Tochter in Frankfurt am Flughafen ablieferten. Ich heulte und heulte, während wir verlassenen Eltern die Mainpromenade auf und ab spazierten, und auch der zum Trost spendierte anschließende Äppelwoi wurde noch mit Tränen gewürzt. Aber der akute Trennungsschmerz hatte nichts damit zu tun, daß ich die ganze Unternehmung für äußerst sinnvoll hielt.

Die Kommentare von Nachbarn und Freundinnen waren – im Fall der Älteren – von Neid (auf unseren Mut) und Abwehr („Wir würden ja auch . . ., aber unseren Matthias kriegen wir nicht dazu") gekennzeichnet. Solange sie bei sich blieben mit ihren unerbetenen Äußerungen, konnten wir sie ganz gut ertragen.

Richtig schlimm wurde es erst, als Sina nach „Down under" aufgebrochen war, obwohl Susanne zur selben Zeit auch eine erneute Amerikareise angetreten hatte. Nun glaubten gutmeinende Gemüter, uns oder besser mich trösten zu müssen, als wäre uns das Mädchen von einem großen Vogel auf Nimmerwiedersehen entführt worden. Besonders tat sich dabei Hilda hervor, eine frühere Kollegin, unverheiratet und ohne Kinder. „Was mußt du leiden", sagte sie am Telefon. „Das Schätzchen, noch so jung und schon so weit weg!" Ich versicherte ihr, daß ich nicht litte. Das nützte nichts. Sie hatte sich vorgenommen, mich täglich anzurufen, um mich „vor dem Absturz" zu retten. Damals hatten wir noch keinen Anrufaufzeichner, und so fiel ich ihr immer wieder in die Hände bzw. ans Ohr. „Du Arme! Nun sind beide Mädchen vielleicht für immer fort", rief sie mit weinerlicher Stimme. „Ich würde vor Sorge sterben." Eines Tages hatte ich genug davon. Bei einem neuerlichen Anruf ihrerseits fragte ich sie, ob sie etwas Zeit zum Zuhören hätte. Als sie das erstaunt bejaht hatte, legte ich los: „Weißt du, was ich gemacht habe, nachdem wir Sina am Flieger abgeliefert hatten? Ich habe gefeiert! Zu Hause habe ich gleich Sekt getrunken und bin voller Begeisterung durch die leeren Räume geschlendert, und dann habe ich mich das ganze Wochenende ins Bett gelegt und habe die „Dornenvögel" auf einen Rutsch durchgelesen . . . und ich fühle mich immer noch richtig befreit von diesem pubertierenden Quälgeist . . . und atme auf und seit langem auch wieder durch . . . Ich genieße es, endlich einmal allein zu sein." Aber den Rest hat sie, glaube ich, nicht mehr gehört, denn sie hatte vorher – empört schnaufend –

den Hörer aufgelegt. Wenn in der Folgezeit mein Name in Verbindung mit „Rabenmutter" genannt wurde, wußte ich, woher das kam, aber das machte mir nichts, denn die Daueranrufe war ich los.

Carlos

Nachdem Susanne und Sina je ein Jahr im Ausland gewesen waren mit der Organisation AFS (American Field Service), beschlossen wir, auch einen Schüler für ein Jahr bei uns aufzunehmen. Wir hatten alle Papiere wahrheitsgemäß beantwortet und ausgefüllt und bekamen von Carlos aus Paraguay eine Selbstbeschreibung zurück, die Grandioses erwarten ließ. Zusätzlich hatte der Vater ihm noch einen Brief an uns mitgegeben – leider auf spanisch, obwohl er wissen mußte, daß wir nur Englisch und Französisch können. Die nette Freundin, die den Brief für uns über-setzte, ent-setzte sich mehrere Male, weil der Inhalt einiges an Unverfrorenheit enthielt. Wir sollten uns glücklich schätzen, diese Perle von einem Sohn für ein Jahr bei uns aufnehmen zu dürfen – und ihn in diesem Jahr zu einem Mann machen, denn danach müsse er, Carlos, die väterlichen Geschäfte übernehmen. Das klang für uns nicht nach Neugierde auf ein interessantes Schuljahr in Deutschland, sondern eher nach Rauswurf aus dem Elternhaus. Nachdem wir uns genügend empört hatten, beschlossen wir, den Brief zu vergessen und den Tatsachen ins Auge zu sehen. Und die – das stellten wir schon in den ersten Tagen fest – hatten mit seiner Selbstbeschreibung so gut wie nichts zu tun.

Weder die sportlichen Aktivitäten, die er angegeben hatte – Tennis, Soccer, Swimming, Dancing, Basketball, Volleyball –, noch seine generelle Motivation entsprachen annähernd dem Schriftlichen, so daß wir zurecht annehmen durften, daß er nichts davon selbst geschrieben hatte.

Tischtennis ist bei ihm sofort „out", nachdem er gleich beim ersten Mal gegen die „kleine" deutsche Schwester verloren hat. Da versuchen wir es besser mit dancing. „Deutsche Mädchen *reden* nur bei Partys." Verächtlich kommt es aus seinem Tänzermund. Der Frust greift uns Gasteltern ans Herz. Wir arrangieren für Carlos, den verhinderten Sportler, eine Tanzparty mit 30 Personen. Musik genug für 97 Stunden – zum Tanzen und Träumen, zum Rocken und Swingen auf Parkett mit dem nötigen Platz –, alles vorhanden – nur getanzt hat Carlos nicht. Das muß an den Mädchen liegen.

Jogging scheitert am schlechten Wetter – soccer, sprich Fußball, am Muskelkater. Eislauf und Skilauf enden ähnlich vielversprechend. Ebenso verhält es sich mit seinen Fortschritten in der deutschen Sprache. Am Ende spricht er – trotz zusätzlichen Sprachunterrichts – genauso wenig wie am Anfang.

Bevor wir ihn nach neun Monaten (zu seiner und unserer Erleichterung) wieder in die südamerikanische Heimat entlassen, nehme ich mich noch einmal des Kraftknaben an: Ich fahre mit ihm in Hamburgs Norden, in eine große Abenteuer-Badelandschaft. Swimming – nun wird er zeigen, was ein Sohn der Sonne leisten kann!

Wellenbad, Langstreckenbad, Außenbad, Innenbad . . .

Wo ist Carlos geblieben? Besorgt begebe ich

mich auf die Suche. Er wird sich doch nicht überanstrengt haben!?

Aufgeregtes Gezwitscher aus der piewarmen Gegend. Da sitzt Carlos, der Große, im Babybecken,
von kleinen Kindern umringt, und verdrängt 'ne
Menge Wasser.

Die Motorradfahrt

Eines Abends stand ein höflicher junger Mann in
Motorradkluft – mit Helm in der Hand – vor der
Haustür und fragte, ob Sina mit ihm eine Probe-
runde auf seiner neuen Maschine fahren wollte.
Sina, 16 Jahre alt, mochte den Mitschüler gern und
war natürlich begeistert – ich nicht. Motorradfah-
ren halte ich so ziemlich für das Gefährlichste, was
man im Straßenverkehr machen kann. Und junge
Männer im Alter zwischen 18 und 23 Jahren sind
bekanntermaßen die häufigsten Unfallverursacher.
Er bat uns auf die Straße, damit wir die Qualität
seines Fahrzeugs begutachten konnten, und er habe
auch noch einen zweiten Helm dabei für Sina. Er
würde auch langsam fahren, versprach er, und nur
Nebenstrecken, keine Autobahn (obwohl das am
meisten Spaß bringen würde) und außerdem höchstens eine Stunde, weil es dann dunkel würde und
auch für Sina zu kalt – nur in ihrem Parka. Sina
drängelte, der junge Mann lächelte, um Vertrauen
werbend. Also sagte ich ja, aber nur unter der Be-
dingung, daß er Sina in spätestens einer Stunde,
um 19 Uhr, wieder abliefern würde. Versprochen!
Sina hockte sich auf den Rücksitz, umschlang seinen Bauch, und schon fuhren sie davon.

Ich machte mich für eine halbe Stunde konzentriert an meine Schreibtischarbeit. Die nächste Viertelstunde lenkte ich mich mit Telefonieren ab, doch ab 18.45 Uhr wurde ich unruhig. Ich tigerte durch das Haus, treppauf, treppab, guckte aus dem Fenster, horchte auf die Straßengeräusche und schaute alle Nase lang auf die Uhr. Als es 19.10 Uhr wurde und noch keine Sina in Sicht, versuchte ich Daniel anzurufen, um ihn mal mittragen zu lassen an der Verantwortung.

Aber er war nicht zu erreichen.

19.30 Uhr fing ich an durchzudrehen. Am liebsten wäre ich aus dem Haus gelaufen und hätte Sinas Namen gerufen, aber wenn die Polizei dann von der Unfallstelle aus bei uns anrufen würde und keiner meldete sich?!

Schließlich hielt ich die Not nicht mehr aus. Ich rannte in Hausschuhen zur Straße hinunter (von unserem Haus aus kann man den Eingang auf das Grundstück nicht sehen) und – da standen Sina und der junge Mann an den Pfosten gelehnt in trautem Gespräch.

Sofort schlug große Angst in riesige Wut um. Ich hätte die beiden ohrfeigen können! Unschuldig lächelte mich der Jüngling an: „Ich habe sie rechtzeitig zurückgebracht", und Sina ergänzte, nicht ganz so unschuldig, denn sie sah wohl das Funkeln in meinen Augen: „Wir stehen bloß schon eine ganze Weile hier und klönen." Bevor ich vor lauter Erleichterung in Tränen ausbrach, murmelte ich im Umdrehen: „Hättest ja wenigstens mal klingeln können!" – „Sorry, Mama", kam es kleinlaut von Sina, „ich habe nicht geahnt, daß du so viel Angst gehabt hast."

Zum Geburtstag Zelten

Frau Diebels, die mit Herrn Diebels verheiratet ist und mit ihm drei Kinder hat, wohnt in unserer Straße. Sie schüttelt über fast alles mißbilligend den Kopf, was in unserer Familie vor sich geht, denn sie hält es generell für ein Verbrechen, wenn Mütter auch noch einem Beruf nachgehen. Für sie gehört die Mutter ins Haus und hat ständig für die Kinder dazusein. Deshalb kutschiert sie ihre Kinder nicht nur täglich zur Schule, sondern zu allen möglichen Pflichtveranstaltungen und Freizeitvergnügungen durch die Gegend, als gäbe es weder Fahrräder noch öffentliche Verkehrsmittel. Die arme Frau ist ständig im Streß.

Herr und Frau Diebels sprechen sich schon seit der Geburt des ersten Kindes, der inzwischen fünfzehnjährigen Amelie, gegenseitig nur noch mit „Mutti" und „Vati" an.

Amelie hat sich zu ihrem 16. Geburtstag im August etwas – jedenfalls in den Augen von Mutti Diebels – ungeheuer Gewagtes gewünscht: Sie möchte nicht nur auf der Wiese hinter dem Diebelschen Haus feiern wie sonst immer, sie möchte außerdem dort mit ihren Freundinnen und Freunden in der Nacht von Samstag auf Sonntag zelten.

Vati hat nichts dagegen. Er wird sofort praktisch: „Wieviele Zelte? Bringen deine Freunde ihre eigenen mit, oder soll ich welche besorgen? Ich guck schon mal, wo der Boden besonders eben ist."

Mutti bringt Vorbehalte an. Die reichen von Lärm für die Nachbarschaft bis Erkältungsgefahr. Amelie kann sie alle entkräften. Aber sie werden doch wohl in getrennten Zelten schlafen, die

Mädchen rechts, die Jungen links, oder!? Die gewitzte Amelie verspricht auch das und malt sich schon das aufregende Platzwechseln im Dunkeln lustvoll aus.

Es wird ein harmlos vergnügtes Geburtstagsfest. Das findet Frau Diebels auch und hält deshalb das Zelten für überflüssig. Aber da steht sie mit ihrer Ansicht ganz allein. Die jungen Leute haben sogar mit Vatis Hilfe in geziemendem Rahmen eine Art Lagerfeuer zustande gebracht. Von dem muß Amelie ihre Eltern in der Dämmerung regelrecht weggraulen, damit sie endlich mal mit ihren Gästen allein sein kann. Nicht ohne tausend Ratschläge anzuhören: „Die Tür zum Keller schließen wir nicht ab, damit ihr jederzeit ins Bad könnt." Allgemeines Nicken. „Und kein Feuer in die Zelte mitnehmen!" Oh nein, allgemeines Kopfschütteln (jedenfalls kein Lagerfeuer)! „Das Handy lassen wir euch besser auch hier, falls jemand zu Hause anrufen muß." – „Wieso das?" wollen sie fragen, aber sie machen es wie Amelie. Sie nicken und lächeln wie die Geishas, bis Mutti und Vati endlich im Haus verschwinden.

Das Zelten war richtig aufregend für die jungen Leute und wäre auch ein voller Erfolg gewesen, wenn Mutti Diebels nicht mitten in der Nacht alle erschreckt und geweckt hätte. Sie hatte ohnehin „kein Auge zugetan", dann ein ungewohntes Geräusch gehört und war schnell im Nachthemd auf die Wiese gelaufen, um die „Kinder" zu warnen.

Der Flipper im Wohnzimmer

Nach Jahren kann ich auf einer Durchreise endlich einmal wieder meine alte Schulfreundin Beate besuchen. Ich freue mich natürlich zuallererst auf sie selbst, aber zugegebenermaßen auch auf ihre Wohnung. Beate besaß nämlich von uns allen den sichersten Geschmack, nicht nur was ihre Kleidung betraf, sondern besonders auch in Einrichtungsfragen. Ihre Wohnung mit dem herrlichen Balkon, von dem aus der Blick weit über den Ort schweifen konnte, war immer ein Hort der Stilsicherheit gewesen und der Individualität gleichermaßen. Wenige Möbel, großzügig aufgestellt, helles Dekor und genau an der richtigen Stelle das passende Bild, die schlichte Kanne oder die eigenwillige Plastik. Es mußte ein Genuß sein, in dieser Wohnung zu leben.

Schon als wir uns in der Stadt treffen, macht Beate einen ungewöhnlich verhuschten Eindruck. Ich führe es auf Überarbeitung zurück. Der Schock kommt, als ich das Wohnzimmer betrete: Mitten in dem schönen Raum steht ein Flipper-Apparat. Er blinkt und summt und paßt etwa so gut dahin wie die Müllabfuhr in die Oper.

Ich gebe meiner Hoffnung Ausdruck, daß es sich nur um ein vorübergehendes Arrangement handelt, aber Beate sagt mit resigniertem Lächeln, der Zustand sei nun schon seit zwei Jahren so.

„Aber warum stellst du das Ding, wenn es schon hier bei dir sein muß, nicht in einen Nebenraum?" platze ich heraus. Wem es gehört, danach frage ich nicht, weil ich mir denken kann, daß Purzel, Beates erwachsener Sohn, der Flipper-Besitzer ist.

Wortlos führt mich Beate in die vier anderen Zimmer ihrer geräumigen Wohnung. In Purzels Raum steht noch ein Flipper, etwas kleiner als der im Wohnzimmer. Und weil dadurch für andere Gegenstände Platz fehlt, hat Purzel gleich noch Beates Schlafzimmer nebenan mit seinen Sachen vollgestopft. Seitdem legt sich Beate zum Schlafen in das Zimmer der Tochter, die schon geraume Zeit auswärts lebt, einen Großteil ihrer Klamotten aber auch noch in „ihrem" Zimmer zurückgelassen hat.

„Und was ist mit dem kleinen gemütlichen Raum, den wir immer Salon nannten?" frage ich hoffnungsvoll. Mit stereotypem Lächeln öffnet Beate diese Tür, soweit sie sich öffnen läßt: Vollgestellt mit alten Möbeln, Kisten und Körben auch dieses Zimmer! „Das sind die Hinterlassenschaften meiner Mutter. Als sie vor zwei Jahren gestorben ist, wollte Purzel nicht, daß wir Sachen davon weggeben. Er könnte sie in seiner neuen Wohnung vielleicht noch gebrauchen", entschuldigt sich Beate und schließt die Tür.

Ihren Computer-Arbeitsplatz hat sie jetzt hinter dem Eßtisch untergebracht, an dem wir eingeengt sitzen und ein sehr schmackhaftes Mahl zu uns nehmen. Ich versuche, mich ganz auf meine Freundin zu konzentrieren und trotz der merkwürdig veränderten Umgebung das kurze Zusammensein mit ihr zu genießen. Das gelingt mir bis zu dem Augenblick, als ich erfahre, daß Purzel schon seit langer Zeit eine eigene Wohnung besitzt – von Beate für ihn gekauft – „aber er kommt immer nicht dazu, sie einzurichten".

Purzel ist zweiunddreißig Jahre alt und Student.

Öffentliche Verkündigung

Am Wochenende hatten wir Besuch gehabt, und ich hatte mich trotz der vielen Vorbereitungen locker und frei gefühlt – in den Augen meiner Töchter (12 und 17 Jahre alt) war ich zu frei gewesen. Sie machen mir Vorwürfe: So albern dürfe sich eine Mutter nicht benehmen, auch eine Gastgeberin nicht, wenn ich keinen Alkohol vertrüge, solle ich ihn lieber meiden und dergleichen mehr.

Bevor ich bei diesen Bemerkungen die Beherrschung verliere, schlage ich einen Spaziergang vor. Dabei klärt sich manchmal manches. Kaum sind wir zu dritt vor dem Haus, spüre ich, wie mir das alles eigentlich zu viel ist: die Anforderungen im Beruf, die Anstrengungen im Haushalt – und die Ansprüche der Töchter. Ein Schnürkorsett scheint um meine Brust festgezogen zu sein, und ich spüre an meinem flachen Atem, wie eingeengt ich bin.

Um nicht gleich loszuheulen, fange ich an, den Mädchen meine „Rollen" aufzuzählen, die ich alle perfekt ausüben möchte: Mutter, Tochter, Ehefrau, Lehrerin, Dozentin, Autorin, Mitbürgerin, Hausfrau, Wirtschaftsplanerin, Köchin, Krankenpflegerin, Gastgeberin . . .

Die beiden sind zuerst skeptisch, weil sie befürchten, es käme eine Moralpredigt, aber dann suchen sie mit nach weiteren Rollen. Es sind viele, und jede verlangt eine andere Spielweise. „Du wolltest doch früher gern Schauspielerin werden. Nun hast du's," fängt Sina an zu scherzen. Die Stimmung bessert sich. Wir können über mein „unangebrachtes" Verhalten vom Wochenende sprechen, und auf einmal wird mir klar, daß bei all diesen verschiedenen Frauen, die ich darstelle, eine fehlt: Eva. Sie ist irgendwo zwischen den Kulissen verloren gegangen.

Schon fange ich mitten auf unserer Wohnstraße an zu rufen: „Ich bin Eva. Ich bin nicht als Mutter geboren." Susanne und Sina sind peinlich berührt und versuchen, meine Lautstärke zu dämpfen. Aber ich muß es noch einmal herausschreien: „Ich bin Eva. Ich bin nicht als Mutter geboren." Dann ist mir wohler, und mir ist auch vollkommen egal, ob Nachbarn das gehört haben. Ich erkläre den beiden, daß ich schließlich schon 27 bzw. 33 Jahre vor ihnen gelebt habe, was sie rein theoretisch ja wissen, und daß ich nicht als Mutter auf die Welt gekommen bin und daß diese Eva vielleicht manches gemacht hat und noch machen wird, was den Töchtern gar nicht so gut gefällt. Die Mädchen hören zu, fragen nach, ergänzen, sind einfach wunderbar, so daß ich in meiner Mutter-Rolle wieder ganz glücklich bin. Das Korsett ist aufgeschnürt.

„Laß los, was du nicht festhalten kannst!" schrieb eine Kollegin mir zur Pensionierung. Ich hängte mir den Spruch eine Weile neben mein Bett und fand im Laufe der Zeit immer wieder Bestätigungen für die Richtigkeit dieser Aufforderung. Ich bin heute nicht mehr in den Rollen, in denen ich gestern war. Ich muß mich von früheren Selbst- und Fremdbildern trennen, wenn ich loslasse. Dadurch verliere ich zwar ein Stück Einfluß und Macht, kann aber Unabhängigkeit gewinnen.

Wir neigen alle dazu, am Gewohnten, Bewährten so lange festzuhalten, bis etwas Unerwartetes eintritt, das uns zeigt: So geht es nicht mehr lange gut.

Aber wie soll es besser gehen? Wie soll es anders werden? Wie lernt man Loslassen?

Da können äußere „Angebote" manchmal genau zur rechten Zeit kommen – wie für uns das Auslandsjahr von Sina. Unsere Beziehung war nämlich seit einem Jahr – milde gesagt – „sehr anstrengend" geworden. Sinas Pubertät traf auf meine beginnenden Wechseljahre. Die Stimmung war auf beiden Seiten ständig gereizt. Sina spielte sämtliche Register von Opposition, und ich schwankte zwischen Verständnis, Erschöpfung und Empörung. Mit ihrer Jugend voller power und der unüberbietbaren Ausdauer hatte Sina eindeutig die besseren Karten. Während ich nach einem heftigen Wortwechsel noch in der Küche an meinen Wunden leckte, hatte sie bereits ihre Lieblingsmusik aufgelegt und sang lautstark dazu – bis zur nächsten Provokation. Inzwischen hatte ich eine Art Vorsicht entwickelt: Ich überlegte genau, wann ich was und wie zu ihr sagen wollte, um möglichst wenig Streit heraufzubeschwören. Das machte mich verkrampft und gab unserem Verhältnis etwas Unnatürliches. So bemerkte ich, daß ich richtig froh war, wenn ich sie beim Nachhausekommen vom Dienst nicht antraf, gleichzeitig aber auch besorgt war, wenn ich nicht wußte, wo sie steckte. Diese ambivalenten Gefühle machten mich unsicher und ängstlich. Zudem nutzte Sina es aus, daß der Vater relativ uninformiert und zumeist nicht beteiligt war. Er sprach und handelte – zwischen uns beide gesetzt – möglichst neutral, was ich nicht als Hilfe, sondern oft eher als gegen mich gerichtet empfand. Eine sehr schwierige Situation für die Familie und auch für unsere Partnerschaft war entstanden. Da kam Australien wie eine Erlösung. Das Jahr brachte uns Eltern zur Ruhe und das „Kind" zur Reife. Durch die neuen Erlebnisse in der Schule und die unterschiedlichen Erziehungsstile ihrer Gasteltern lernte Sina ihr altes Elternhaus neu sehen und in mancher Hinsicht auch schätzen. Als sie wiederkam, konnten wir entspannter miteinander umgehen und besser miteinander reden. Wieder war ein Teil im Ablösungsprozeß bewältigt worden.

Carlos ist ein Sonderfall, weil wir so gut wie nichts über seine Kindheit erfahren haben. Seine Geschichte ist hier nur aufgeführt, weil es sich nicht um allmähliche Ablösung eines Achtzehnjährigen aus dem Elternhaus handelte, sondern um abrupte Trennung, die von den Eltern ausging.

Helm Stierlin hat dafür den Begriff „Ausstoßungs-
modus" geprägt. Die Eltern erleben ihre heranwachsenden Kinder als Hindernis – z. T. wegen
eigener Krisen. Sie nehmen dafür unter Umständen auch unbewußt große Nachteile für das Kind
in Kauf. In Carlos' Fall geschah die Ausstoßung
offensichtlich aus Prestigegründen. In Paraguay bedeutet ein nachgewiesener Aufenthalt in Deutschland so etwas wie ein „Sesam-öffne-dich" für das
gesellschaftliche Fortkommen. Entsprechend kata-
strophal waren die Auswirkungen. Was in der Geschichte nicht erwähnt wird: Carlos hatte massiv
Heimweh. Sein südamerikanisches Macho-Image,
dem er sich bedingungslos unterwarf, gestattete
ihm aber nicht, das zuzugeben und uns deshalb
auch nicht, ihn zu trösten. Der Aufenthalt war somit von Anfang an zum Scheitern verurteilt. Der
Vater war trotz unserer über die Organisation vor-
gebrachten Bedenken hinsichtlich der Gemütsver-
fassung von Carlos zum Nachgeben nicht bereit,
sondern er zwang seinen Sohn, die Zeit durchzu-
halten – und uns mit. Wir fanden schließlich nach
neun Monaten wenigstens die Lösung, daß Carlos
die restlichen Wochen bei einer anderen Familie
verbringen konnte. Ich habe immer noch Wut auf
diesen rabiaten Vater und fühle immer noch die
Ohnmacht, die ich hatte, als ich durch das Fenster
sah, wie der hochaufgeschossene Carlos sich auf
seinem Bett krümmte wie ein Embryo und vor
Heimweh bitterlich weinte.

Roswithas Geschichte ist die Geschichte eines
Ablösungsversuchs zwischen „Frauchen" und ihrer
Katze. Ich führe sie hier mit auf, weil sie typische
Merkmale einer Mutter-Kind-Beziehung enthält

und ganz konkret die Ambivalenz zwischen Festhalten einerseits und Loslassen (von der Leine) andererseits anschaulich macht. Das Loslassen der Kinder ist eine wichtige Entwicklungsaufgabe für die Eltern im mittleren Erwachsenenalter. Mutti Diebels wird es da deutlich schwerer haben als ich, denn übereinstimmend wird von Fachleuten berichtet, daß berufstätige Mütter in den mittleren Jahren ein höheres Wohlbefinden aufweisen als ‚Familienfrauen'. Die Berufstätigkeit der Frau hat eine neue Würde, ein neues Selbstwertgefühl, einen neuen Horizont gebracht, und das alles kommt zweifellos auch den Kindern zugute.

An der Nicht-Berufstätigkeit kann es bei meiner Freundin Beate allerdings nicht liegen, eher an der Vermeidung von Einsamkeit: vor Jahren geschieden, ohne neue Partnerschaft, klammert sie sich an das jüngste Kind, um nicht allein zu sein. Sie läßt zu, daß Purzel sie ausnutzt. Er breitet sich immer weiter auf ihre Kosten aus – sowohl räumlich als auch finanziell – wie ein Kuckuckskind im Nest der Pflegeeltern. Die Angst vor dem Verlassenwerden (dem Loslassen) muß so gewaltig sein, daß sie auch die ärgste Einschränkung ihrer Umgebung, sogar ihres Lebensstils, für das weitere Zusammensein (Festhalten) in Kauf nimmt.

Aus all diesen Beispielen geht hervor, wie Eltern das Loslassen lernen können:

– Sich selbst wichtig nehmen und eine Aufgabe suchen!
– Schrittweise aus der Verantwortung für die Kinder eine Selbstverantwortung der Kinder werden lassen!

- Vertrauen in die Fähigkeiten und Kräfte der Kinder entwickeln! Dabei geht es nicht ohne Enttäuschungen auf beiden Seiten ab.
- Die Entwicklung der Kinder beobachten und begleiten!
- Nicht an „ewigen" starren Regeln festhalten, sondern mit den Kindern gemeinsam jeweils altersgemäße für einen gewissen Zeitraum verbindliche Vereinbarungen treffen!
- Sich gemeinsam mit ihnen weiterentwickeln!
- Mit anderen Eltern in der gleichen Situation Kontakt halten!

2. Zwischen Freiheit und Kontrolle

Der Sonntag, als ich in den Regen mußte

Es war an einem Sonntag im März des Jahres 1955. Ich war 19 Jahre alt, also noch nicht „mündig", hatte gerade Abitur gemacht, war frisch verlobt und wohnte noch bei meinen Eltern. Es war so abscheuliches Wetter, daß ich mir vorgenommen hatte, den ganzen Tag zu Hause zu bleiben und nur zu lesen. Nach dem Mittagessen kuschelte ich mich in den bequemsten Sessel, den die Wohnung zu bieten hatte, und fühlte mich durch und durch gemütlich.

So bemerkte ich auch erst ziemlich spät, daß eine ungewöhnliche Unruhe von meinen Eltern ausging. Ganz gegen ihre sonstige Gewohnheit rannte meine Mutter unentwegt an mir vorbei, mal schien sie ihre Handschuhe zu suchen, dann wieder den Schirm, schließlich ihre Tasche . . . Dabei atmete sie wie unter einer Last. Plötzlich blieb sie hörbar atmend in Hut und Mantel vor mir stehen – mein Vater wartete schon an der Tür – und sagte vorwurfsvoll: „Willst du dich nicht endlich auch fertigmachen?!" Ich war erstaunt und antwortete: „Nee, heute kriegen mich keine zehn Pferde nach draußen." – Darauf sie mit tiefem Seufzer : „Fredi, du mußt allein zu den Gerbers gehen, Eva will hier bleiben." – „Na, und?!" rief mein Vater fröhlich, „laß sie doch!" Diese Antwort machte meine Mutter entsetzlich wütend. Sie riß sich den Hut vom Kopf und schrie: „Und was ist mit Frau Zimmermann?"

Mein Vater war immer noch arglos: „Was soll denn mit der sein?" – „Die zeigt uns an und zwar sofort", erwiderte meine Mutter. Jetzt mischte ich mich ein: „Aber warum denn?" Empört und ungläubig blitzte meine Mutter mich an: „Als wenn du das nicht wüßtest! Wegen des Kuppelparagraphen natürlich!"

Endlich begriff ich, was meine Mutter meinte. Sie ging offensichtlich davon aus, daß Daniel, mein Verlobter, sofort in der Wohnung auftauchen würde, sobald die Eltern sie verlassen hätten. Und dann wäre Unzucht angesagt!

Noch dazu am Sonntagnachmittag, wo Frau Zimmermann, die Hausmeistersfrau, eh nur an ihrem Fenster sitzen und die Straße rauf und runter gucken würde. Ich versicherte also meiner Mutter, daß ich allein bleiben wolle und daß kein Besuch verabredet sei. Aber sie ließ sich nicht beruhigen, denn er könne ja auch unangemeldet kommen. Es half kein Bitten, kein Beschwören – ich wurde an die Luft gesetzt. Ohne Schlüssel.

Um spätestens 20 Uhr wären sie wieder da.

So kam es, daß sich eine wutschnaubende Eva im strömenden Regen auf den Weg zum Verlobten machte, der auch noch bei seinen Eltern wohnte, und dort um Asyl nachsuchte.

Die Weck-Orgie

Wir konnten sie früh ins Bett schicken oder spät, Lesen im Bett noch erlauben oder nicht, es war immer dasselbe: Das Schulkind Sina (4. Schuljahr) mußte von uns morgens eine halbe Stunde lang geweckt werden.

Das erste Wecken mit Küßchen und Vorhänge-Aufziehen rief bei ihr nur ein wohliges Knurren hervor. Beim zweiten Wecken wurde die Decke zurückgeschlagen, die Sina sofort wieder über sich zog. Beim dritten Wecken riefen wir schon von der Küche aus ihren Namen und redeten laut auf sie ein. Das machte sie richtig böse, aber nicht wach.

Wir bekamen Ratschläge von anderen genervten Eltern: kalten Waschlappen auf das Gesicht drükken – Sina schleuderte ihn uns an den Kopf; schwarzen Tee ans Bett bringen – Sina mußte würgen; an den Füßen kitzeln – Sina trat und schrie; beim Hausarzt Blutdruck messen lassen – ein bißchen niedrig, aber kein Grund zur Sorge . . .

Susanne, die eine pünktliche Aufsteherin war, mühte sich eine Zeitlang auch redlich mit der kleinen Schwester ab, sang ihr sogar etwas vor – nichts half.

Ich mußte deshalb extra eine halbe Stunde eher aufstehen und war trotzdem in ständiger Sorge, daß Sina nicht mehr richtig frühstücken und zu spät zur Schule kommen würde – und ich auch.

Nachdem wir gemeinsam abends die Sachen zum Anziehen für Sina herausgelegt hatten, flehte ich sie oft an, am nächsten Morgen kein „Theater" zu machen. Sie versprach es und nahm es sich fest vor. Aber ohne Erfolg.

Eines Tages ging ich zu ihrer Klassenlehrerin, meiner Kollegin an der gleichen Schule, und bereitete sie darauf vor, daß Sina voraussichtlich in der nächsten Zeit des öfteren morgens zu spät in den Unterricht kommen würde. Ich bat sie, dann genauso streng mit ihr zu verfahren, wie sie es für richtig halte. Ich hatte mir nämlich eine neue Strategie ausgedacht. An dem Abend übergab ich Sina einen großen schönen und vor allem lauten Wecker. Ich zeigte ihr, wie er einzustellen war und sagte, von morgen an würden wir sie nicht mehr wecken. Sie sei nun selbst verantwortlich für das Aufwachen und Aufstehen. Dann stellte ich mit ihrem Einverständnis den Wecker weit weg von ihrem Bett, damit er sie lange genug wachklingeln konnte. Das tat er auch – mit uns. Wir hörten ihn am nächsten Morgen durch die Türen hindurch unentwegt tuten, so lange, bis Susanne ihn ausstellte und Sina anbrüllte, aber Sina hatte er nicht geweckt. Trotzdem blieb ich bei meinem Entschluß, verließ schweren Herzens das Haus und wußte mir keinen anderen Rat.

In der großen Pause war zu meiner Bestürzung noch keine Sina da. Die Kollegin grinste und beruhigte mich. An dem Tag kam sie gar nicht mehr, weil sie erst gegen Mittag aufgewacht war. Am Nachmittag mußte sie nicht nur die Hausaufgaben, sondern auch möglichst alles Versäumte vom Vormittag nachholen und mühte sich stundenlang. Ich hatte Mitleid mit ihr, blieb aber eisern. Sie kam noch zwei Tage lang etwas zu spät in den Unterricht, hatte auch beide Male nur unterwegs, nicht am Küchentisch gefrühstückt, aber dann lief alles wie am Schnürchen. Wir staunten sehr, am meisten Sina selbst.

Die roten Schuhe

Unsere Mädchen zogen sich zu unserer Freude immer recht sportlich an, weil sie ja auch sportlich sind: Es reichten T-Shirts und Jeans, Pullis und Shorts, Turnschuhe oder Sandalen und ab und zu ein bequemes Kleid. In der Kindheit gab es überhaupt keine Bekleidungsprobleme, bis auf das eine Mal, als Sina unbedingt genau solch eine englische Regenjacke haben wollte wie ihre Mitschülerinnen, uns die aber zu teuer war. Da hat sie „auf die Jacke gespart", aber ehe sie das Geld beisammen hatte, war die Jacke schon wieder out.

Und dann kam der Moment, als Sina zum ersten Mal mit einer Gruppe in die Disco wollte. Schon Tage vorher war sie mit Einkaufstüten in ihrem Zimmer verschwunden und machte ein großes Geheimnis daraus. Sie blieb auch an dem Abend selbst ungewöhnlich lange im Bad. Der Disco-Partner wartete bereits einige Zeit. Als sich dann die Tür auftat und die junge Dame auftauchte, die vorher als junges Mädchen hineingegangen war, fielen ihm die Kinnladen herunter, und der Vater wurde blaß.

Nicht nur das ungewohnt (und gekonnt!) geschminkte Gesicht unter den raffiniert hochgesteckten Haaren und der sehr enge Pulli ließen die Augen der Männer größer werden, sondern auch der enge kurze schwarze Lederrock. Im Gesicht des Vaters spiegelten sich deutlich die wechselnden Empfindungen: Als Mann war er von der sexy Erscheinung recht angetan – als Vater im höchsten Maße verwirrt. Nun bückte sich Sina und streifte die hochhackigsten roten Pumps über, die wir je gesehen hatten. Die Augäpfel schienen meinem Ehemann aus den Höhlen zu springen!

Er öffnete stöhnend den Mund, aber ehe er die mutmaßliche Verbotsarie singen konnte, hatte ich die beiden schon freundlich aus dem Haus geschoben und ein fröhliches „Viel Spaß!" hinterhergerufen. –

„Das ist unglaublich. So kann man sein Kind nicht auf die Menschheit loslassen!" schrie er und wollte sie am liebsten noch zurückholen. „Mach dich nicht lächerlich", wagte ich zu sagen und kriegte dafür eine Breitseite ab: „Dir macht es wohl überhaupt nichts aus, daß unser Mädchen herumläuft wie eine Hure!" Voller Wut rannte er in den Garten und fing an, Holz zu hacken.

Merkwürdigerweise war ich tatsächlich ziemlich ruhig, und das lag daran, daß ich genau registriert hatte, wie mühselig das Bücken für Sina gewesen war – wegen der Enge des Minirockes – und wie unnatürlich sie neben dem Knaben hergestakst war auf den hohen Schuhen.

Nach einem Disco-Besuch wird am Sonntag natürlich ausgeschlafen, und so bekamen wir unsere Jugendliche erst am Nachmittag zu Gesicht. Der Kommentar zum Vorabend fiel vergleichsweise mager aus, und ich hütete mich, insistierend nachzufragen.

Den Lederrock bot sie mir nach einiger Zeit für meine Kostümkiste in der Schule an, weil er zu eng geworden wäre (sie hatte aber nicht zugenommen). Ein roter Schuh landete im Müll, der andere stand hoch oben auf ihrem Regal als Thron für ihren alten kleinen Teddy, und ich hörte, wie sie zu einer Freundin sagte: „Also, so was Unpraktisches! Da kann man ja nicht richtig drin gehen – und tanzen schon gar nicht."

Warst du auch Pipi machen?

Glücklicherweise ist es keine fremde Person, die mit mir auf der oberen Terrasse sitzt und Kaffee trinkt. Es ist Carmen, eine alte Bekannte aus gemeinsamen Kindergartenzeiten ihrer Söhne und meiner Töchter. Vielleicht ist es die Rückbesinnung auf die Zeit vor über zehn Jahren, die mich den Fauxpas des Jahres machen läßt, aber zu entschuldigen ist er damit nicht.

Sina geht noch zur Schule und wohnt natürlich noch bei uns. Sie ist gerade vom Volleyballtraining angeradelt gekommen, duscht nur schnell, schlingt – nachdem sie Carmen begrüßt hat – ein Stück Kuchen hinunter und befindet sich schon wieder auf dem Weg zu einer anderen Verabredung. Da überkommt es mich, von der Terrasse aus hinter ihr herzurufen: „Warst du auch Pipi machen?" Sie dreht sich verblüfft um, grinst, schüttelt den Kopf und nickt zugleich und läuft dann lachend zu ihrem Fahrrad.

Kaum sitze ich wieder auf meinem Stuhl, da fällt Carmen über mich her: „Sag mal, hast du noch alle Tassen im Schrank? Du kannst doch ein vierzehnjähriges Mädchen nicht mehr so was fragen! Und dann noch im Beisein von Besuch! Die hat ja prima reagiert, die Sina. Das hätte ich mal mit Uwe und Karsten (ihren Söhnen) machen sollen! Die würden tagelang nicht mehr mit mir sprechen . . ." Sie kann sich gar nicht wieder beruhigen, und obwohl ich ihre Vorwürfe gleich einsehe und dauernd mit dem Kopf dazu nicke, redet sie weiter und steigert sich schließlich in die Vorstellung hinein, diesen Fehler könne ich nur mit einer angemessenen Entschuldigung und einem großzügigen Geschenk wieder gutmachen. In mir regt sich zum ersten Mal Widerstand, und ich wage zu sagen, daß die Kinder sich auch manchmal im Ton vergriffen und daß das doch keine so große Sache sei.

Aber sie läßt nicht locker, forscht mich aus nach Sinas Wünschen, schleppt mich in die Stadt zu einem Kaufhaus . . . und so kommt es, daß Sina bei ihrer Rückkehr unerwartet ein wunderschönes T-Shirt auf ihrem Bett vorfindet. Es ist eigentlich schon ein bißchen zu kindlich für sie, aber ich mußte es unter diesen Umständen einfach mitnehmen:

Auf der Rückseite ist ein gescheitelter Kinderkopf von hinten mit zwei roten Zöpfchen abgebildet, auf der Vorderseite das sommersprossige Gesicht des lachenden Mädchens und dazu der Namenszug „Pippi".

Alptraum Abi-Party

In diesem Jahr war es unter Oberstufenschülern und -schülerinnen „angesagt", zu privaten Abitur-Feiern nicht schriftlich und gezielt einzuladen, sondern allgemein mündlich, das heißt die Gäste „schneiten" für kürzere oder längere Zeit herein. Heute würde ich es Abi-Party-Hopping nennen.

Als wir Susanne – altmodisch wie wir waren – nach der zu erwartenden Anzahl der Gäste fragten, um unter anderem die Grillfleischmenge berechnen zu können, zuckte sie nur mit den Schultern und zählte ein paar Dauerfreunde auf, die bestimmt kommen würden. Mit ihr zusammen stellten wir uns auf etwa dreißig Leute ein, richteten drinnen im Wohnzimmer alles her, bereiteten draußen um den Grill herum ein Buffet auf und darunter die Kisten mit Bier, Wein, Cola, Saft, Wasser. Zur Begrüßung standen auch einige Flaschen Sekt bereit.

Susanne ließ des öfteren durchblicken, daß sie uns nicht gern dabei haben würde.

Wir sprachen daraufhin drei (nur drei!) Verhaltensregeln als zwingend erforderlich aus.

Erstens den Grill niemals unbeaufsichtigt lassen und einen Eimer mit Wasser daneben stellen! Zweitens keine harten Alkoholika! Drittens die teure Musikanlage nur selbst oder von bestimmten eingeweihten Personen bedienen lassen!

Als die ersten uns vertrauten Gesichter auftauchten, machten Daniel und ich uns zu einem langen Spaziergang mit anschließendem Essen im Waldgasthof auf. Wir waren aber nicht richtig entspannt dabei und dachten etwas beklommen an die unklaren Verhältnisse zu Hause.

Als wir drei Stunden später in unsere Straße einbogen, hörten wir schon den ohrenbetäubenden Lärm. Zu Daniels großem Schrecken kam das Gekreisch offensichtlich aus seiner total überdrehten Musikanlage. Eilig liefen wir zum Haus und fanden eine verstörte Susanne inmitten einer kleinen Schar Getreuer frierend auf der Terrasse vor, während drinnen im Wohnzimmer eine Gruppe volltrunkener uns weitgehend unbekannter Burschen grölend gegen den selbsterzeugten Krach ankämpfte. Daniel hatte kaum die „Musik" leiser gedreht, da drehte einer der Kerle – eine Flasche Apfelkorn in der Hand – sie grinsend wieder laut, unbeeindruckt von Alter oder Stellung des Hausherrn. Wir waren machtlos. Ich wollte sofort die Polizei rufen, aber Susanne fürchtete um den kleinen Rest an Glück, den sie haben könnte, wenn die Störenfriede, die sie auch kaum kannte, freiwillig gegangen sein würden.

Darauf hoffte sie aber vergebens. Die Situation war makaber: draußen die netten Abiturientinnen mit ihren Freunden, sich an einem Glas Cola festhaltend und unter ungeliebtem Musikgedröhne – drinnen die schwadronierenden Saufköppe der unbekannten Art. Hungrig waren die Ausgeschlossenen auch, denn die Eindringlinge waren schon bei ihrem unerwünschten Auftauchen wie ein Heuschreckenschwarm über alles Eßbare hergefallen und hatten nur schäbige Reste zurückgelassen. Rettung kam – telefonisch herbeigefleht – von zwei Mitschülern Susannes, die gerade an einem erfolgreichen Judo-Wettkampf teilgenommen und dabei einen neuen Gürtel erworben hatten: Fritz und Udo.

Es war atemberaubend anzusehen, wie sich die beiden, nachdem Fritz ungehindert die Geräuschquelle ausschalten konnte, aufrecht und kampfbereit an den beiden Ausgängen postierten und Udo mit ruhiger Stimme, gar nicht besonders laut in die ungewohnte Stille hineinsprach: „Alle, die nicht ausdrücklich eingeladen wurden, verlassen jetzt augenblicklich das Haus."

Bis auf einen mickrigen Trunkenbold, der die Lage nicht „gepeilt" hatte und deshalb gegenankrakeelte – er wurde von Fritz vorsichtig am Kragen nach draußen bugsiert –, gehorchten alle widerstandslos. Sie schlichen und torkelten nach unten vor den Eingang, wo sie noch eine Weile herumpöbelten und ihre leeren Flaschen zerschlugen.

Die „Bösen" waren endlich fort. Zurück blieben die „Guten", erleichtert, dankbar, aber irgendwie ernüchtert. Auch nachdem sie gemeinsam das Chaos der Chaoten halbwegs beseitigt und sich aufatmend in die Sessel fallen lassen hatten, kam trotz angenehmer Tanzmusik keine rechte Stimmung mehr auf. Wir machten uns rar, aber innerhalb des Hauses. Susanne, die uns unendlich leid tat, kämpfte mit den Tränen – und zu essen gab's auch nichts mehr.

Ferien am Wasser

Unglaubliches berichtet unsere Freundin vom „Fischland" in Mecklenburg-Vorpommern, vom Darß.

Sie vermietet in den Sommermonaten ihre kleine Einliegerwohnung an Feriengäste. Einige darunter sind inzwischen Freunde geworden. Bestimmt aber nicht die, die letztens das erste (und letzte!) Mal da waren, und dann gleich für drei Wochen: Vater und Mutter mit 13jährigem Sohn und dessen 14jährigem Schulfreund. Solange sich alle vier in den Räumen oder auf der Terrasse aufhielten, war so ziemlich alles in Ordnung, aber das war nur nachts, am frühen Morgen und am späten Abend. Die Eltern gingen jeden Morgen bei ausnahmslos strahlendem Sonnenschein eng umschlungen zum Strand. Dann fing der Krach an: Die Halbwüchsigen tobten durch die Gemächer, schmissen sich auf die Betten, daß es krachte, versuchten in der Küche mit leeren Dosen Zielwerfen und spielten auf dem Wohnzimmerteppich Fußball. Dann wurde ferngesehen – stundenlang, und dabei gerieten Erdnüsse, Popcorn, Schokolade und Cola nahezu überall hin, wo sie nicht hingehörten. Unsere Freundin ist als Vermieterin eine extrem zurückhaltende Person. Dieses Mal aber wagte sie es, zunächst die Jugendlichen anzusprechen auf das gute Wetter, das sie doch nach draußen locken sollte, und auf das herrliche Meerwasser. Sie erntete Grinsen und Schulterzucken. Dann mischte sich vorsichtig ihr Ehemann ein und bat um etwas gedrosselte Lautstärke beim Fernsehen – angesichts der vielen offenen Fenster ringsherum. Seine Mahnung hatte mäßigen Erfolg. Schließlich luden sie die Eltern zu sich nach oben in die Wohnung zum Gläschen Wein ein, um die Angelegenheit einmal unter Erwachsenen zu besprechen. Die Stimmung wurde erheblich gestört durch den Lärm, der von den Rabauken unten kam. Unsere Freunde erhofften sich, daß der Vater nun „mal nach dem Rechten" sehen würde. Nichts da, verliebt und weinselig sahen sich die Eltern an und schienen von dem Krach gar nichts zu merken. Da hielten es die beiden Vermieter nicht mehr aus. Sie schilderten den Gästen, wie wenig gastgemäß sich die Jungen Tag für Tag bei Abwesenheit der Eltern benahmen. Die Erziehungsberechtigten lächelten milde, bedankten sich für den Wein und sagten: „Die Kinder wollen doch auch mal Ferien haben! Wir mußten ihnen versprechen, daß sie machen dürfen, wozu sie Lust haben. Sonst wären sie gar nicht erst mitgekommen."

Und ich hab's nicht gemerkt

Eines Tages erhielt ich einen Brief von der Frau unseres Freundes. Ich versuche, ihn so genau wie möglich – auch stilistisch – hier wiederzugeben:

Liebe Eva,

Du hast Dich im letzten Brief so lieb nach unseren Mädchen erkundigt. Von Antje ist nur zu berichten, daß sie fleißig für das Abitur arbeitet. Du weißt ja, wie schwer ihr das Lernen fällt. Wir helfen ihr, wo wir können.

Dagegen habe ich schlechte Nachrichten von Friederike (die in ihrer 11. Klasse mit dem Stoff natürlich keine Probleme hat). Aber stell' Dir bloß vor: Sie hat abgetrieben! Und ich hab's nicht gemerkt.

Ich wußte noch nicht mal, daß sie einen Freund hat. Vielleicht hat sie auch gar keinen, sondern es ist auf irgendeiner Party passiert. Was weiß ich denn!

Man kommt ja nicht an sie ran.

Sie hat uns auch nichts erzählt, auch nicht, als alles schon hinter ihr lag. Ich habe mich nur gewundert, daß sie nach dem Wochenende, an dem sie (angeblich!) bei ihrer Freundin Jasmin war, so erschreckend blaß aussah.

Und an dem Montag danach ist sie nicht zur Schule gegangen. Erst durch den Anruf, der eigentlich Friederike galt und irgendwie aus Versehen beim Umstellen wieder bei mir landete, habe ich es erfahren. Eine junge Männerstimme flüsterte atemlos: „Ist alles gut gegangen? – Wie geht's dir denn? – Hast du viel Blut verloren?"

Als er keine Antwort bekam, legte er auf, und ich saß da.

Ich ging dann zu ihr nach oben und sagte es ihr auf den Kopf zu mit der Abtreibung. Sie hat sich nur zur Wand gedreht. Hoffentlich wird ihr das eine Lehre sein.

Ganz ratlos grüßt Dich Deine Hanni

Gemeinsam sind wir stark

Als Susanne zum ersten Mal ihre Monatsblutung bekam, haben wir ein Fest gefeiert. Nicht etwa, weil wir schon so sehnlichst darauf gewartet hätten – sie war erst zwölf Jahre alt –, sondern weil ich ihren Eintritt in das Frausein bewußt besser gestalten wollte, als ich es erlebt hatte.

Ich selbst war 1947 von meiner Mutter mit dem Schreckensschrei: „Ach du lieber Himmel! Du auch schon!" zu meiner älteren Schwester geschickt worden. Die wußte aber auch nichts Genaues. Sie unterwies mich nur widerwillig in der Handhabung der dürftigen Intimtextilien der Nachkriegszeit und sagte, das hätte ich jetzt einmal im Monat. Danach kam der für mich mysteriöse Satz: „Nimm dich vor Männern in acht." Ich deutete ihn so, daß ich Vater und Bruder nichts von der Blutung erzählen oder zeigen dürfte.

Susanne war also schon vorbereitet worden auf das wichtige und zugleich natürliche Ereignis, bevor es eintrat. Dementsprechend feierlich froh verkündete sie es uns am Abendbrottisch. Ausnahmsweise verschluckte sich der Vater mal nicht, und wir planten zusammen mit der sechsjährigen Sina, die gebannt alles verfolgte, ein „Regelfest". Susanne bekam einen Blumenstrauß, wir sangen ihr ein

Lied, und sie durfte sich etwas wünschen, nämlich einen gemeinsamen Ausflug zu ihrem Wunschziel am Wochenende. „Wie Geburtstag", meinte Sina, womit sie ohne weiteres recht hatte.

Ähnlich vertrauensvoll ging es zu, als wir gemeinsam beschlossen, Susanne und später Sina „die Pille" verschreiben zu lassen. Zu diesen Arztbesuchen ging ich auf ihren Wunsch hin gerne mit, auch wenn ich sonst eher für Selbständigkeit plädierte.

Die Nagelprobe bestanden wir, als Sina mir kurz vor dem Abitur anvertraute, trotz der Pille sei ihre Regel erheblich überfällig. Obwohl mir sofort der Schweiß ausbrach und mein Kopf sich mit unzähligen Wenns und Abers füllte, machte ich schnell einen Termin bei der Frauenärztin und Sina ordentlich Mut. Erleichtert wie nach einer schweren Prüfung gingen wir im Anschluß an die Untersuchung mit dem „Nicht schwanger"-Ergebnis Hand in Hand durch die Straßen und schnurstracks in ein Café.

Die Sache mit der Torte

Susanne kam nun in das Alter, in dem sie „ihren Freund" mit nach Hause brachte. Eines Tages hockte ein kräftiger Bursche in Unterzeug neben der „Großen" im Bett und sah mit ihr – Kartoffelchips mampfend – fern. „Das ist Fredo", bekamen wir gesagt und machten uns rar. Fredo sich auch. In den seltenen Fällen, in denen er mit uns am Tisch saß, zeichnete er sich vor allem durch sporadisch hervorgemümmelte Sprachbrocken aus. Als eines Tages

Susanne zaghaft anfragte, wie wir denn Fredo „fänden", antwortete der Vater wahrheitsgemäß: „Das kann ich dir erst beantworten, nachdem ich wenigstens einmal verstanden habe, was er gesagt hat."

Fredo wurde von Matzi abgelöst, einem korrekten Bengel der kleinkarierten Erbsenzählerart. Er war einer von denen, die mit 17 schon uralt sind. Wir ertrugen ihn nur mit Mühe und mit Hilfe flüsternd geführter Abendgespräche im Bett. Der Schweiß brach uns aus, als Heiratspläne geäußert wurden. Die Erlösung kam durch ein Auslandsstipendium für Susanne, das sie gegen den Widerstand Matzis annahm und somit sich und uns rettete.

Als sie ein halbes Jahr später mit Stan aus den Staaten kam, standen wir wieder bereit. Stan war nicht maulfaul wie Fredo, auch nicht pingelig wie Matzi, dafür mit einem extrem scheußlichen Körpergeruch behaftet. So erfuhren wir den Wahrheitsgehalt der Aussage: Ich kann dich nicht riechen. Der Vater zog sich schon auf dem Weg vom Flughafen im Auto eine dicke Erkältung zu, während er tapfer behauptete, er führe immer mit offenem Seitenfenster, auch im Dezember. Wir waren sehr erleichtert, als Susanne dem „Stinker" den Laufpaß gab.

Nachdem Susanne schließlich Mark, den besten Schwiegersohn der Welt, geheiratet hatte, glaubten wir für eine Weile aufatmen zu können, aber da kam Sina, die „Kleine", in das Alter. Der Vater beschloß, dafür nicht mehr zuständig zu sein. Er erklärte uns allen, liebende Zuwendung gegenüber den männlichen Begleitern der Tochter sei bei ihm wie eine große Torte gewesen. Diese Torte sei in den Jahren Stück für Stück aufgegessen worden. Sie müsse erst wieder neu gebacken werden, und das brauche Zeit.

Da meine „Torte" entweder größer war oder ich nur jeweils kleinere Stücke davon abgegeben hatte, war ich also allein für Sinas Freunde zuständig. Erfahren und abgeklärt, wie ich mich inzwischen fühlte, überging ich all die männlichen Sozialfälle, die durch unser Haus strömten, mit Gleichmut – beziehungsweise fütterte sie mit durch. Da war zum Beispiel der rothaarige Junge, der nie ein Wort mit mir wechselte, sondern schnurstracks Sinas Zimmertür ansteuerte, um sich dort für eine halbe Stunde auszuweinen. Ich nannte ihn bei mir den „Selbstmordkandidaten" und lud seine Eltern zum Essen ein in der Hoffnung, es würde sich eine Art Gespräch ergeben, so daß ihr Sohn in die Lage versetzt würde, mir wenigstens einmal „Guten Tag" zu sagen.

Allmählich schrumpfte meine „Torte" aber auch und war unglücklicherweise genau zu dem Zeitpunkt restlos verspeist, als Sina uns Horst vorstellte. Er wurde deshalb nicht gerade überschwenglich von uns begrüßt, eher wie ein lästiger Neuzugang. Aber ausgerechnet Horst entpuppte sich als Prachtkerl und scheint Sinas Partner fürs Leben zu werden, und inzwischen haben wir auch wieder neue Torten gebacken.

Fredo und der Bademantel

Zum ersten Mal hatte Susannes Freund bei ihr in unserem Haus übernachtet. Ich hatte die Fakten akzeptiert und Daniel knirschend eingewilligt.

Daß Fredo, der das ganze auch als Premiere erlebte, selbstverständlich am nächsten Morgen dann mit uns frühstücken würde, stand von vornherein fest. Ob Daniel das einfach vergessen oder total verdrängt hatte, weiß ich nicht. Er kam jedenfalls pfeifend am Sonntagmorgen – wir saßen alle schon bereit – die Treppe ins Eßzimmer hinunter und blieb beim Anblick von Fredo wie festgewurzelt auf einer Stufe stehen. Es muß Ungeheuerliches in ihm vorgegangen sein: Der Liebhaber seiner Ältesten saß auf seinem, Daniels, angestammten Platz. Das war eine Unverfrorenheit allererster Güte.

Dieser Schock wurde noch dadurch überboten, daß Fredo es nicht für notwendig erachtet hatte, sich anständig zu bekleiden. Er wagte es, im Bademantel an unserem Sonntagsfrühstückstisch zu sitzen, der Lümmel!

Das Allerschärfste war aber – und da wäre Daniel wohl am liebsten aus dem Haus gerannt –, als er in dem Bademantel seinen eigenen erkannte, gemütlich weit und rot-braun gestreift.

Es ist dem Vater des Hauses hoch anzurechnen, daß er den Gast nicht vom Stuhl gestoßen und des Hauses verwiesen hat (nach Susannes gezischter Anweisung hatte Fredo wenigstens noch rechtzeitig Daniels Stuhl freigegeben und einen anderen Platz besetzt) und daß er sich trotzdem am Frühstück beteiligt hat – allerdings nicht an unserem etwas mühsamen Sonntagmorgengespräch.

Hotel Mama

Nun waren wir also wieder zu viert. Susanne lebte zwar in den USA. Dafür wohnte aber jetzt Friedhelm, Sinas Freund, mehr oder weniger dauerhaft bei uns. Er hatte ein eigenes Zuhause, doch offensichtlich gefiel es ihm bei uns besser. Da er ein freundlicher unaufdringlicher Hausgenosse war und wir genügend Platz hatten, empfanden wir seine Anwesenheit zunächst als Bereicherung. Manchmal half er Daniel auf dem Grundstück bei körperlich anstrengenden Arbeiten, ein anderes Mal trug er mir schwere Einkaufstaschen den „Berg" hoch, und am Wochenende spielten wir zu viert vergnügt Karten, was wir mit Sina allein bestimmt nicht gemacht hätten. Anfangs deckte er auch immer den Tisch, wenn wir gemeinsam aßen, was aber dazu führte, daß Sina fast gar nicht mehr half, so als wäre er ihr Stellvertreter.

Allmählich ließen auch Friedhelms Aufmerksamkeit und Hilfsbereitschaft nach, und eines Tages kam ich mir vor wie die Einkaufsmaschine mit Kühlschrank-Auffüll-Funktion. Merkwürdigerweise aßen die „Kinder" immer das frisch Gekaufte, und Daniel und ich mümmelten auf den harten Resten herum.

Um allein sein zu können, mußten wir nun häufig unser eigenes Haus verlassen, denn die jungen Leute waren ungemein häuslich. Entgegen unseren Vorstellungen von junger Liebe verbrachten sie nicht die Tage auf Fahrrädern und die Nächte im Zelt, sondern saßen in Hausschuhen, Popcorn knaspelnd, vor dem Fernseher wie ein altes Ehepaar und hielten die Plätze besetzt.

So lernten Daniel und ich schöne Gegenden ebenso kennen wie schrecklich unbequeme Hotelbetten und kamen gleichermaßen angeregt wie erschöpft sonntags abends nach Hause, wo die Arbeit liegengeblieben war oder sich sogar noch vermehrt hatte. Eine auf Dauer unhaltbare Situation!

Das Gespräch, das ich dann mit Kloß im Hals eines Abends begann, als wir vollzählig waren und Zeit hatten, verlief viel angenehmer, als ich befürchtet hatte. Den Vergleich mit verwöhnten Hotelgästen wiesen sie zwar weit von sich, waren aber schnell bereit, feste Aufgaben im Haushalt zu übernehmen. So kam es, daß Sina und Friedhelm regelmäßig alle fünfundzwanzig Fenster putzten und daß sie uns in vierzehntägigem Wechsel am Wochenende bekochten. Als dann Friedhelm eine eigene kleine Wohnung bezog und Sina natürlich fortan recht häufig bei ihm übernachtete, waren Daniel und ich fast enttäuscht, keinen dringenden Grund mehr zu haben, wie Flüchtlinge außer Haus zu übernachten.

Kommentar

Eine Familie funktioniert, d.h., sie lebt zur Zufriedenheit aller gut zusammen, wenn:

erstens die Aufgaben gerecht verteilt sind und nicht alles an einer Person (meistens der Mutter) hängenbleibt,

zweitens das Rollenverhalten sich wandeln kann, d.h. aus den bestimmenden Eltern nach und nach Partner werden, die ihre Kinder mitbestimmen lassen,

drittens die Kommunikation immer wieder belebt wird, auch wenn es zeitweise so scheint, als lebten Eltern und Jugendliche auf weit entfernten Monden mit unterschiedlichen Sprachen,

viertens die emotionale Verbundenheit zwischen den Generationen als stabile Basis auch unter Alltagsschutt wie Streit und Mißverstehen zu spüren ist, d.h., auch wenn im Sachlichen keine Einigkeit herrscht, so spricht doch nichts dagegen, sich ab und zu herzlich in die Arme zu nehmen,

fünftens die Werte und Normen nicht allzu weit auseinander laufen – das kann natürlich passieren, wenn die Pastorentochter aus der Kirche austritt oder der Sohn des Berufsoffiziers den Wehrdienst verweigert. Aber selbst dann besteht z.B. der Wert der Ehrlichkeit zueinander und die Norm der Zuverlässigkeit weiterhin; und

sechstens die Balance zwischen Freiheit und Kontrolle stimmt: Ein gewisses Maß an Kontrolle ist notwendig, um die Sicherheit und den Zusammenhalt der Familie zu garantieren, ein gewisses Maß an Freiheit ist nötig, damit sich Entscheidungsfähigkeit und Eigeninteressen ausbilden können. Täglich zu einer genau festgelegten Zeit am Mittagstisch erscheinen zu müssen, lehnen die meisten Jugendlichen heutzutage sicherlich ab, aber einmal in der Woche, am Samstag oder Sonntag, mit den Eltern und Geschwistern ausgiebig zu frühstücken, halten viele für eine gute Vereinbarung.

Die Darß-Eltern machten sich die Mühe, Ausgewogenheit herzustellen, gar nicht. Ohne Kantschen Imperativ ließen sie die Waage auf der Seite der „Freiheit" ganz schwer werden, während die Waagschale mit der Kontrolle unbeladen im Meereswind schaukelte. Eine Haltung, die heute weit verbreitet ist und überall in den Medien als Niedergang der Moral, kulturelle Unverbindlichkeit und Werteverlust beklagt wird. Was geht in solchen Eltern vor, die ihre Verantwortung für den minderjährigen Nachwuchs im Urlaub einfach vergessen? Vielleicht denken sie, in Ferienzeiten kann nichts Unangenehmes passieren? Vielleicht haben sie nie über Erziehung nachgedacht und auch zu Hause läuft alles irgendwie im Unklaren? Vielleicht ist es ihnen einfach zu anstrengend?

Ulrich Beck spricht in seinem Buch „Kinder der Freiheit" von einer „Demokratisierung der Familie", in der das „Recht des Kindes auf ein eigenes Leben" ins Zentrum gestellt wird.

Damit ist aber vermutlich nicht die Haltung des „Laisser faire" gemeint, die besagte Darß-Gäste zur eigenen Bequemlichkeit praktizierten. Eher ist eine veränderte Rolle für uns Eltern gemeint: Statt

strikt und kommentarlos anzuordnen oder zu ver-
bieten, sollten wir eher beobachten und bereit stehen, damit wir bei Konflikten raten und helfen
können. Es ist so wichtig, daß die Jugendlichen
während der Ablösungsphase auf uns als einen
sicheren, aber nicht aufdringlichen Halt zurück-
greifen können, besonders in dieser Zeit zwischen
Freiheit und Kontrolle.

Unter der Prämisse „Kontrolle ist gut – Verbot ist
besser" erlebte ich an jenem verregneten Sonntag
vor einem halben Jahrhundert den Rauswurf aus
der Wohnung, als der Kuppel-Paragraph noch
Schrecken verbreitete. Er bedeutete, daß die Erziehungsberechtigten gerichtlich belangt werden konnten, wenn sie Minderjährige (damals unter 21 Jahren) beiderlei Geschlechts unbeaufsichtigt in Wohn-
räumen allein ließen. Meine Mutter spürte zwar
auch schon die Veränderungen der Erziehungsnor-
men in der Nachkriegszeit, aber noch waren die
alten Ordnungsstrukturen nicht ganz zusammen-
gebrochen, und ihr bot die Orientierung an den
Werten der vorherigen Generationen noch Halt.

Zwischen ungebremster Freiheit und totaler Kontrolle bewegte sich die Abi-Party mit unserem un-
sicheren Versuch, mehr Gleichgewicht herzustellen, was sich als ziemlich problematisch heraus-
stellte. Bei aller Freiheit, die den „demokratisier-
ten" Kindern gewährt werden soll, bleibt doch
unsere Eltern-Verantwortung bestehen, die an wesentlichen Punkten eben Schutz und Hilfe für die
Heranwachsenden bedeuten muß. Wir hätten besser in den oberen Räumen des Hauses abrufbereit

ausharren sollen, statt uns ganz und gar vom Grundstück zu entfernen.

Dann hätte uns Susanne im Notfall holen können.

Diesen Halt hat Hanni ihrer Tochter Friederike offensichtlich nicht geben können. Allein die Formulierungen in ihrem Brief „auf den Kopf zu" und „wird ihr eine Lehre sein" zeugen von Gefühlskälte und einer gewissen Abrechnungsmentalität. Die Mutter-Tochter-Beziehung ist schon vor der Pubertät gestört gewesen und wäre wohl nur mit Hilfe von Supervision erträglich geworden. Wobei unser Mitleid nicht nur dem allein gelassenen Mädchen in seiner Not gelten sollte, sondern auch ein bißchen der hilflosen Mutter, die wiederum von ihrem Ehemann, dem Vater Friederikes, in sträflicher Weise mit der Erziehung der Töchter überfordert und allein gelassen wurde. Er zuckte – durchaus deckungsgleich im Vater-Verhalten zu vielen seiner Zeit- und Artgenossen – nur immer mit den Schultern, gab Geld und widmete sich ansonsten seiner Arbeit.

„Solange du deine Füße unter meinen Tisch steckst, habe ich das Sagen." Dieser Satz des Vaters war unseren Eltern sehr geläufig, als sie Jugendliche waren und wurde auch von ihnen zumeist ohne Murren akzeptiert. Wieviel differenzierter und damit komplizierter ist es für uns, die heutige Elterngeneration, geworden! Wir wollen die Erziehungsweisen der eigenen Eltern nicht kopieren, haben aber noch kaum andere Vorbilder. Die Beispiele zeigen: Wir müssen immer wieder individuell von Fall zu Fall neu entscheiden, wieviel Kontrolle nötig und wieviel Freiheit möglich ist. Auch innerhalb einer Familie kann es sinnvoll sein, z. B. den eher schüchternen Sohn ein bißchen in die Freiheit zu schubsen und die überwiegend drauf- gängerische Tochter durch Kontrolle zu bremsen.

Da ist es kein Wunder, wenn wir uns manchmal im Maß vertun und erst durch Widerstände der Jugendlichen und durch geduldige Diskussionen den geeigneten für alle Familienmitglieder an- nehmbaren Kompromiß finden.

Dazu braucht es Aufmerksamkeit, Offenheit, Zeit und Kraft – deren Einsatz sich lohnt.

3. Zwischen Grenzziehung und Grenzüberschreitung

Onkel Albin in meinem Bett

Ausgerechnet zum Heiligabend hatte sich Onkel Albin zu uns eingeladen, dieser anspruchsvolle, rechthaberische Bruder meiner Mutter, und sie hatte mal wieder nicht den Mut besessen, „nein" zu sagen. Schon die Aussicht auf seine tönende Großmannssucht und seinen absoluten Mangel an Gespür für Festlichkeit vergällten mir das Weihnachtsfest im vorhinein. Auf meine Frage, wo der gräßliche Onkel denn zu schlafen gedächte, bekam ich zu hören: „Och, den kriegen wir schon irgendwo unter." Ich dachte an eine Bleibe für ihn in einer Pension in der Nähe oder vielleicht bei guten Nachbarn. Nicht im entferntesten rechnete ich damit, daß meine Mutter für ihn, ohne mich zu fragen, mein Bett vorgesehen hatte. Es traf mich wie ein Keulenschlag, als sie mich aufforderte, mein Bettzeug zu wechseln und frisch zu beziehen. „Wieso denn? Das haben wir doch vor einer Woche gerade gemacht!" und dabei erfuhr ich, daß es für ihn war, diesen unappetitlichen alten Knacker. So sehr ich auch tobte und schäumte, sie ließ sich nicht davon abbringen und holte sogar meinen Vater dazu, der unbeholfen etwas von Gastfreundschaft murmelte und sich dann wieder verdrückte.

Ich wäre am liebsten abgehauen, aber wohin mit 15 Jahren und an solch einem Abend? Natürlich verdarb Albin uns allen den Abend: Er machte sich lustig über unser „Gesinge", fand die selbsthergestellten Geschenke „kindisch", verlangte dauernd nach 'nem Klaren und hatte – als Gipfel der Unverschämtheit – kein einziges Geschenk für jemanden mitgebracht.

Als ich mich sehr bald nach der Bescherung auf mein Matratzenlager im Abstellraum zurückzog, konnte ich es mir nicht verkneifen, ihm unruhige Träume in meinem Bett zu wünschen. Das animierte ihn nur zu einem sexistischen Witz, über den er als einziger grölend lachte. Wütend drehte ich mich weg. Ein wenig Genugtuung erfuhr ich, als ich gegen Mitternacht von dem Geräusch von Gegenständen, die an eine Wand geschleudert wurden, und von erregten Stimmen erwachte. Onkel Albin hatte sich in sein/mein Bett plumpsen lassen – auf alle Kratzbürsten, die ich hatte auftreiben können.

Das Mädchen aus Kopenhagen

An einem Sonntagabend nach 22.00 Uhr, ich hatte gerade die letzten Vorbereitungen für die Schule erledigt und wollte schlafen gehen, klingelte das Telefon. Sina nahm unten im Haus den Hörer ab, und ich hörte sie eine Weile sprechen. Dann kam sie die Treppe hochgerannt und fragte, ob Claire bei uns heute Nacht schlafen könnte. „Du weißt doch, die aus Kopenhagen." Ich wußte nicht und sagte erst einmal nein. Das ganze kam mir zu plötzlich.

Nun druckste Sina herum, sie habe aber schon zugesagt bei Claire und könne sie auch nicht mehr erreichen, denn Claire habe vom Bahnhof angerufen und sitze jetzt schon in der S-Bahn zu uns. Außerdem sei gerade dieses Mädchen so furchtbar nett zu ihr, Sina, gewesen, als sie damals in Kopenhagen war.

Zähneknirschend mußte ich die Situation akzeptieren, wie sie war. Ich tröstete mich mit dem Gedanken an eine einzelne Nacht, war froh, daß es nicht ein junger Mann war, und ging zu Bett.

Am nächsten Morgen war Sina schon vor mir aufgestanden, was ich richtig gut fand, und deckte liebevoll den Frühstückstisch für vier Personen. Ich wies sie darauf hin, daß ihr Vater schon unterwegs sei und deshalb ein Gedeck zu viel auf dem Tisch. Verlegen lächelnd erklärte sie nun, Claire habe noch jemanden mitgebracht, der auch keine Unterkunft gefunden hätte. Aha! Dann müsse sie die beiden nun aber schnellstens wecken, denn sie sollten mit uns aus dem Haus. Wieder Verlegenheit! Sie hätten darum gebeten, ausschlafen zu dürfen. Das war der Moment, in dem ich in unser kleines Gästezimmer stürmte und die Vorhänge und das Fenster aufriß, während ich gleichzeitig versuchte, mir die Nase zuzuhalten. (Ein Königreich für eine Gasmaske!) Aus unseren frischen Laken blinzelten mir zwei graugesichtige, fetthaarige Jugendliche beiderlei Geschlechts entgegen, die empört über die Unterbrechung ihrer Nachtruhe unflätige Äußerungen hervorstießen und sich auf die andere Seite wälzten. Als meine dringlichen Ermahnungen und Begründungen – wir müßten zur Schule und sie deshalb mit uns raus, ich würde sie aber gern im Auto mit zur Bushaltestelle nehmen – ungehört von den Wänden abprallten, zog ich ihnen die Bettdecke weg. Da sie es vorgezogen hatten, ohne Nachtzeug zu schlafen, verließ ich flugs den Raum und machte Sina unmißverständlich klar, das sie nun für unser gemeinsames und pünktliches Verlassen des Hauses verantwortlich sei. Sie „weckte" die Penner etwa zehnmal. Schweigend würgten wir beide dann unser Müsli herunter, während die Fremdlinge sich ausgiebig duschten. Die Uhrzeiger rückten gefährlich schnell voran, und ich fing an, in Panik zu geraten.

Einerseits wollte ich auf keinen Fall zu spät in den Dienst kommen, andererseits nicht diesen dubiosen Typen, die sich übrigens weder vorgestellt noch gegrüßt hatten, unser Haus ungeschützt überlassen. Sina schmierte den „Gästen" in echter Zerknirschung noch Stullen, weil sie ja bedauerlicherweise nicht zum Frühstücken kommen würden. Dann trieb ich sie mitsamt ihren verspeckten Rucksäcken wie störrische Esel in mein Auto, wo sie beleidigt und stumm Platz nahmen. Claire hinterließ uns noch ein Andenken, den großen nassen Fleck auf der hinteren Sitzbank im Auto, denn wir bösen Menschen hatten ihr keine Zeit gelassen, ihre langen Haare, die jetzt zart nach meinem Shampoo dufteten, abzutrocknen, geschweige denn zu fönen.

Die Grüne-Gabel-Allergie

Unser Freund Udo ist ein kultivierter Kunstliebhaber und ein hinreißend liebevoller Vater für seine einzige Tochter. Er ermöglichte ihr immer mit

Begeisterung die beste Ausbildung, die schönsten Reisen und die stilvollste Einrichtung ihres Zimmers im elterlichen Anwesen.

Daß sich Marita zu einer recht ansehnlichen Erscheinung entwickelte, erfüllte Udo mit Stolz und Genugtuung. Der erste junge Mann, der sich im Rahmen der Tanzstunde in Maritas Nähe traute, wurde von Udo mit väterlicher Großzügigkeit angenommen. Der zweite, Maritas beiläufige Bekanntschaft aus einer Disco, wurde von Udo ins Haus zu einem Glas Sekt genötigt, obwohl beide jungen Leute diese Geste für höchst überzogen hielten – angesichts der offenkundigen Flüchtigkeit ihres Verhältnisses.

Beim dritten Verehrer mit dem selten gewordenen Namen Knut schlug das Schicksal erbarmungslos zu, denn Udo erkannte mit dem sicheren Blick des verliebten Vaters sofort, daß Knut keine schnell vorübergehende Erscheinung sein würde. Er brauchte nur in die Augen seiner Tochter zu schauen, wenn sie auf Knut wartete, und wußte, daß Liebe sich darin spiegelte.

Tapfer beherrschte er seine Eifersucht und versuchte die tolerant-ruhige Haltung seiner Frau, Maritas Mutter, zu übernehmen. Im Umgang mit dem neuen, häufigen, wenn nicht gar täglichen Hausgast – übrigens von tadellosem Benehmen – wirkte Udo etwas verkrampft, aber korrekt.

Unvermittelt traf ihn dann eines Tages der Gedanke auf dem Heimweg vom Dienst, ob er wohl, wenn er um die Ecke böge, wieder die „grüne Gabel" als erstes sehen würde, die sogenannte Gabel (gemeint ist der Lenker) von Knuts Fahrrad. Ja, sie war zu sehen und unter ihr das Fahrrad, ordnungsmäßig abgeschlossen und angelehnt an die Hauswand.

Beim Betreten seines Hauses beschlich Udo ein Gefühl von eigener Überflüssigkeit, und während er früher vergnügt nach „seinen Frauen" rufend durch die Räume geeilt war, setzte er sich jetzt still ins Wohnzimmer und schaltete sofort den Fernseher ein. Zum Abendbrot, das oft in heiterer Verliebtheit von Marita und Knut gemeinsam hergerichtet wurde – sehr zur Freude der Mutter –, gesellte sich Udo wortkarg und leicht weggetreten. Aufmunterungsversuche der sensiblen Marita nahm er mit leicht abwehrender Gelassenheit entgegen.

Im Laufe der Wochen ertappte sich Udo dabei, daß er – wem auch immer – im Geiste versprach, Opfer darzubringen, wenn die grüne Gabel mal nicht vor dem Haus zu sehen wäre. Sie wurde für ihn zum Synonym für „Sein oder Nichtsein", für Vergangenheit und Zukunft, für Licht und Schatten. Als das Fahrrad einmal nicht am vertrauten Platz stand, stürmte Udo in sein Haus und schrie sinnloses Zeug ins Treppenhaus vor Freude. Die wandelte sich schnell in abgrundtiefe Enttäuschung, denn Knut, der höflich grüßend oben am Geländer erschien, hatte es bei der Wetterlage nur vorgezogen, mit öffentlichen Verkehrsmitteln zu fahren.

So kam es, daß Udo nach dem Dienst, ganz gegen seine Gewohnheit, erst noch einen Umweg machte. Er redete sich ein, frische Luft zu brauchen. Und als es einmal fürchterlich goß, setzte er sich sogar in eine Kneipe, saß da vor einem Bier, sich selber fremd, denn er war eigentlich eher ein Weintrinker und -genießer.

Dort spürte ihn seine sorgenvolle Ehefrau eines Abends auf, und ihre Einfühlsamkeit und die ungewohnte Umgebung ermöglichten es Udo, von seiner „Allergie" gegenüber der „grünen Gabel" zu sprechen. Glücklicherweise lachte sie ihn nicht aus, sondern schaffte es, den „Kindern" klar zu machen, daß der Vater in seinem Haus ein Anrecht auf Freiräume hat, – und nun lehnt nur noch jeden zweiten Tag die „grüne Gabel" an der Hauswand.

Du bist richtig unflexibel

Die Zeiten, als das Telefon nahezu ausschließlich für Daniel oder mich klingelte, schienen endgültig vorbei zu sein. In mehr oder weniger höflicher Form ertönte beim Abnehmen des Hörers der Satz: „Hier ist Thorsten. Kann ich bitte (!) mal Susanne sprechen?" oder eher auf Kindergarten-Niveau: „Ist Susanne da?" Wir gewöhnten uns an, erst einmal die Kinder ans Telefon laufen zu lassen – wenn sie denn überhaupt da waren. Handy und Anrufaufzeichner waren zwar schon erfunden, hatten aber noch nicht ihren Weg in die privaten Haushalte gefunden, so daß wir nur eine zentrale Telefonstelle im Haus hatten. Manchmal kam ich mir öffentlicher vor als in der besagten Zelle, weil „Intimgespräche" mit Freundinnen aus den angrenzenden „Kinderzimmern" regelmäßig „abgehört" werden konnten, während wir Eltern bei Telefonaten der Mädchen schleunigst diskret das Weite suchten.

An einem Donnerstagnachmittag war ich allein zu Hause und saß vor Bergen von Heften, die auf meine Korrektur warteten, als das Telefon wohl zwanzig Mal läutete. Drei Anrufe galten mir, alle anderen Susanne, die eine Zusammenkunft mit ehemaligen AFS*-Leuten in unserem Haus organisieren wollte. Ich wurde jedes Mal aus der Konzentration gerissen, schrieb haufenweise kleine Zettel voll mit Namen und Telefonnummern und war am Abend mit meinen Nerven am Ende. Dann kam endlich eine gutgelaunte Tochter nach Hause und teilte mir beiläufig mit, daß einige der AFSer nach dem Treffen bei uns übernachten würden.

Da rastete ich aus und verweigerte meine Zustimmung. Susanne stand eine Weile überrascht da, hörte sich meine Überforderungsarie ruhig an, wies dann darauf hin, daß ich nichts damit zu tun haben würde, denn sie würden alles selber machen, und als ich stur blieb, sagte sie cool: „Du bist richtig unflexibel." Selten fühlte ich mich so ungerecht beurteilt, denn Übernachtungen und zum Teil tagelange Aufenthalte von ausländischen Freunden bei uns waren die Regel und größtenteils auch erwünscht – von wegen Völkerverständigung.

Irgendwie hat Susanne aber gespürt, daß sie an meine Grenzen geraten war, denn zum Geburtstag schenkte sie mir – beziehungsweise uns beiden „Alten" – eigene Nebenanschlüsse mit Telefonstationen, an denen wir in den oberen Räumen ungestört telefonieren konnten.

---

*American Field Service, die Organisation, mit der unsere Töchter Schulaufenthalte im Ausland verbrachten.

Heute brauche ich das Auto

Solange Sina noch keinen Führerschein besaß, setzte sie Autofahrer mit Umweltverschmutzern gleich und rechnete uns vor, daß wir prima auf öffentliche Verkehrsmittel umsteigen könnten. Einer von uns mußte das sowieso, denn wir hatten nur einen Pkw und richteten uns bei der Benutzung fast immer danach, wer von uns am meisten zu transportieren hatte. Daniel und ich einigten uns jedenfalls jahrelang recht friedlich.

Mit 50 Jahren kaufte ich mir wegen meiner häufigen Fortbildungsreisen, die mit erheblichen Mengen von Materialtransporten einhergingen, zum ersten Mal im Leben ein eigenes kleines Fahrzeug.

Ein Jahr später bestand Sina die Fahrprüfung und sagte nun seltener den Spruch von den ÖVM, statt dessen zunehmend häufig den Satz: „Heute brauche ich das Auto."

Mit erstaunlicher Selbstverständlichkeit stand in ihren Augen immer mein Vehikel zur Disposition, weniger das „große" vom Vater. Unwillig, aber wie paralysiert ließ ich mich auf Diskussionen ein und fing an, mich zu rechtfertigen, wenn ich mein eigenes Auto benutzen wollte. Weil mir vor den Debatten am Abend grauste, wer wann wohin weshalb am nächsten Tag motorisiert fahren durfte, bemerkte ich erst ziemlich spät, daß ich angefangen hatte, meinen Terminkalender nach Sinas diesbezüglichen Wünschen zu richten. Das führte zu komplizierten Organisationsplänen und schließlich dazu, daß ich, im Begriff, eine mir wichtige freundschaftliche Begegnung voller Bedauern wegen der „Auto-Not" abzusagen, auf einmal am Ende der selbstverschuldeten Sackgasse anlangte und plötzlich „aufwachte". Sina in ihre Schranken zu verweisen, indem ich klarstellte, daß sie mein Auto nur noch bekäme, wenn ich es nicht brauchte – und in seltenen Ausnahmefällen darüber hinaus –, war dann gar nicht so schwer.

Den Termin habe ich dir schon gemacht

Ich weiß nicht, wie ich darauf gekommen bin, daß Susanne unbedingt etwas mit Theater studieren wollte. Kaum hatte sie ihr Abitur gemacht, da brach bei mir Hektik aus. Ich versuchte, über alle möglichen Verbindungen, über Bekannte und Freunde für Susanne Praktikumsplätze an Theatern und Volontariatszusagen bei einschlägigen Instituten zu bekommen. Schließlich landete ich bei einem UNI-Professor für Darstellendes Spiel und stellte ihm Susannes Anliegen in leuchtenden Farben dar.

Freudestrahlend konnte ich mit der Nachricht ins Haus stürmen, daß der Professor durchaus nicht abgeneigt sei, sich ihrer anzunehmen und sagte zu Susanne: „Den Termin mit ihm hab' ich dir schon gemacht." Entsetzen spiegelte sich in ihren Augen und Unverständnis. „Wie kommst du denn nur darauf?" fragte sie mehrfach und wollte die Verabredung sofort rückgängig machen. Nur mir zuliebe, damit ich nicht das Gesicht verlöre, ging sie zur vereinbarten Zeit zum Treffpunkt und machte dem Professor klar, daß sie von mir wohl mißverstanden worden sei. Sehr erwachsen stand sie danach vor mir und sagte: „Meine Termine möchte ich, bitte, selber machen, und mit so einem Schmalzbubi hätte ich sowieso nie einen gemacht."

Sie hat hernach Germanistik und Amerikanistik studiert, und wenn da je von ihr an eine Koppelung mit Theaterwissenschaften gedacht war, so hatte ich ihr diese gründlich verdorben.

Die Lampe können wir uns nicht leisten

Daniel hat unser Haus eigenhändig sieben Jahre lang umgebaut, d. h. aus einem Schuhkarton eine Art Wohndampfer gemacht. Wir haben geholfen beim Steineschleppen, Sandkarren und Brettertragen. Auch Sina, die noch ein Grundschulkind war, als die Bauerei losging, faßte tüchtig mit an und fühlte sich deshalb von Anfang an mitverantwortlich. Es ergab sich auch zwangsläufig, daß sie Gespräche mitbekam, in denen es um Geld ging. Als ich einmal verzweifelt am Tisch saß und wegen der unerwarteten Zinserhöhung bei der Zwischenfinanzierung weinte, kam sie mit ihrem Sparschwein an und wollte den Inhalt spenden. Ich war davon so gerührt, daß ich erst recht losheulte. Manchmal sagte ich auch bei irgendwelchen Sonderwünschen der Kinder: „Nein, das können wir uns zur Zeit nicht leisten." Es ist jedenfalls nicht verwunderlich, daß Sina fortan „unsere" Finanzen im Auge behielt und alle sichtbaren Ausgaben meinte kontrollieren und kommentieren zu müssen.

Eines Tages – Sina war vierzehn Jahre alt – unterzog ich mich wieder einmal einer Einkaufsstra-

paze mit ihr. Es ging um eine Jacke für das Früh-
jahr, und das bedeutete, daß sie mich stundenlang
durch die Geschäfte schleppte und nicht eher zu einem Kaufentschluß kam, bevor sie nicht sämtliche
Jacken Harburgs anprobiert hatte. Als sie endlich,
endlich eine passende gefunden hatte, ging ich mit
ihr zurück zu dem Laden, in dem ich zwischen-
durch ganz nebenbei eine Jacke für mich entdeckt
hatte. Ich probierte sie an und kaufte sie sofort.
Empört stellte Sina mich zur Rede – mit lauter
Stimme und direkt am Ausgang: „Das ist ja wohl
ein Ding! Deine Jacke war teurer als meine!"

Die Leute in der Fußgängerzone drehten sich in-
digniert bis amüsiert nach dem Mutter-Tochter-
Paar um, das heftig diskutierend und erregt gesti-
kulierend zu klären versuchte, weshalb die berufstätige Mutter von ihrem selbstverdienten Geld für
sich eine teurere Jacke kaufen durfte als für die
schulpflichtige Tochter.

Danach, meinte ich, sei nun geklärt: Wer das
Geld verdient, darf auch bestimmen, wofür es aus-
gegeben wird – natürlich möglichst in Absprache
mit dem Partner. Aber ich sollte mich irren.

Daniel hatte seit Wochen jede freie Minute bei
jedem Wetter damit verbracht, das umfangreiche
Mauerwerk zu verfugen. Er träumte schon davon,
wie er Gegenstände, die auf einem Laufband an
ihm vorbeifuhren, ununterbrochen mit schwarzer
Masse zuschmieren mußte und meinte am Frühstückstisch, das Wort „verfugt" reime sich für ihn
auf „verflucht". Da beschloß ich, ihm eine Freude
zu machen: Ich kaufte ihm die Lampe, die er mehrfach sehnsüchtig durch das Schaufenster betrach-
tet und von der er schon oft gesprochen hatte. Er

war völlig überrascht und freute sich riesig und ich mich mit ihm, bis Sina den Raum betrat und verkündete: „Die Lampe können wir uns nicht leisten!" Sie sagte es in einer Mischung aus Besorgnis und Arroganz. Wir fühlten uns wie bei verbotenen Spielen ertappt, und es dauerte eine Weile, bis wir uns aus trotzigen Kindern wieder in souveräne Erwachsene verwandelt hatten.

Julia und Mamas Bluse

Schon als Kleinkind schrie Julia das Haus – und noch viel schlimmer, auch jedes Hotel – zusammen, wenn ihre Mutter, meine Freundin Hiltrud, am Morgen nicht die lila Bluse anzog. Beim Anblick der lila Bluse über Hiltruds ausladender Brust war Julia schlagartig still und zufrieden. Von nun an sahen wir unsere kapriziöse und modebewußte Hiltrud über Jahre nur noch in lila Oberbekleidung, was ihr etwa so gut stand wie breite Querstreifen.

Irgendwann ging das ewige Lila sogar Gernot, Hiltruds Mann und Julias geduldigem Vater, so auf die Nerven, daß er seine Frau vor die wenig einfallsreiche Wahl stellte: Ich oder dein (!) verwöhntes Gör! Zaghaft versuchte Hiltrud das Mädchen, das immer so gern lila sah, an andere Farben zu gewöhnen, und siehe da, es ging besser als erwartet. Hiltrud „durfte" endlich auch andere Blusen tragen, allerdings von seiten der inzwischen schulpflichtigen Julia mit der Auflage, daß sie jeden Tag bestimmen konnte, was ihre Mutter anzuziehen hatte. Da das Mädchen keinen schlechten Geschmack und Hiltrud viel Verständnis hatte, ging die Abmachung eine lange Zeit gut.

Wir verloren uns eine Weile aus den Augen und sahen uns neulich zum ersten Mal wieder bei mir zu Hause. Hiltrud in einem viel zu engen Rock mit grellfarbenem Pullover und Stöckelschuhen. Sie fühlte sich sichtlich unwohl in ihrer Kostümierung, und weil wir uns trotz der längeren Pause immer noch sehr vertraut waren, überredete ich sie, die beengenden Sachen auszuziehen und sich in einen bequemen Morgenmantel von mir zu hüllen. Sie atmete richtig auf, und wir verbrachten einen angenehmen Nachmittag zusammen vor dem Kamin. Ich wußte, daß Julia ihre Mutter mit dem Auto abholen wollte und freute mich auf das Wiedersehn. Aber die junge Frau beachtete mich kaum. Als sie Hiltrud in meinem Morgenmantel erblickte, schrie sie empört auf – fast so wie damals als Kleinkind, nur nicht so ausdauernd –: „Nein, oh nein", zerrte energisch an dem Mantel und befahl, ja, befahl ihrer Mutter, sich umgehend ordentlich anzukleiden, was diese sofort ohne Widerrede tat. Nach einer hastigen Verabschiedung blieb ich erschüttert zurück und wußte nicht, was ich schlimmer finden sollte: die anmaßende Unverschämtheit der Tochter oder die willfährige Unterwürfigkeit der Mutter.

Vor dem Kamin

Es gehört schon eine Menge disziplinierte Großzügigkeit dazu, das Liebesleben der Heranwachsenden unter dem eigenen Dach nicht nur zu (er)dulden, sondern es sozusagen zu fördern. Weil wir nicht wollten, daß sich unsere Töchter in Hauseingängen, neben Waldlichtungen oder auf Autositzen herumdrückten (wie wir es in den 50er Jahren notgedrungen erfahren hatten), ermunterten wir sie von Anfang an, ihre Freunde mit nach Hause zu bringen. Ohne zu ahnen, was wir uns selbst damit antaten.

Zunächst waren die Schäferstündchen der Mädchen nämlich für uns so gewöhnungsbedürftig, daß Daniel und ich zu langen Spaziergängen aufbrachen oder uns ins Kino verdrückten. Allmählich wurden wir ruhiger, zumal Susannes Liebschaften sich äußerst zurückhaltend gestalteten.

Sina dagegen machte – Jahre und eine sexuelle Revolution später – oft gar keinen Hehl aus ihrer Verliebtheit, so daß sie manches Mal mit ihrem Partner lachend um das Haus tollte wie eine rollige Katze. Es waren nicht ganz einhellige Gefühle, die uns dabei überkamen. Alles spielte sich auf einer Grenzlinie, auf einem schmalen Grat ab, und da kann es schon passieren, daß es zu Grenzüberschreitungen kommt.

An jenem Abend kam ich müde und überanstrengt nach einem langen Fortbildungstag nach Hause und stolperte in der Dämmerung über zwei Körper vor dem Kamin. Nicht daß sie da lagen, war für mich der berühmte Tropfen in das Faß, sondern daß sie liegen blieben. Ich hatte mich mächtig auf ein heißes Bad mit anschließendem Lesen vor dem Kamin gefreut. Nun, das Bad konnte ich nehmen, aber danach mußte ich wohl oder übel ins Bett, denn das Wohnzimmer war ja blockiert. Ich schwankte zwischen Losschreien und Rausschmeißen und An-die-Einsicht-Appellieren und tat gar nichts, sondern resignierte. In der Nacht schlief ich sehr schlecht, weil ich dauernd imaginäre Gespräche mit Sina führte.

Am folgenden Morgen – vor einer Kurzreise – wollte ich gerade sarkastisch zu Sina sagen, daß sie nun für einige Tage und Nächte mit ihrem gesamten Bettzeug auf Dauer vor den Kamin ziehen könne (Daniel war nämlich auch nicht in Hamburg), als sie meine Hand ergriff, mich über den Frühstückstisch hinweg reumütig anschaute und kundtat: „Das machen wir nicht wieder wie gestern, da vor dem Kamin. Das hat dich bestimmt gestört, nicht?!" Selten bin ich erleichterter zum Bahnhof gefahren.

Der Vater greift ein

Wenn so eine Jugendliche für ein Schuljahr ins Ausland geht, gibt es natürlich eine Menge zu überdenken, zu organisieren und vor allem an Papieren zu ordnen und termingerecht auszufüllen. Dazu hatten Sina und ich zusammen einen ganzen Sonntag eingeplant. Ich hatte alle meine Arbeit am Tag vorher erledigt und saß nun mit den Aktenstapeln und Fragebögen am großen Eßtisch bereit. Wer nicht aus den Federn kam, war Sina. Nun gut, ich setzte eben noch die Wäsche in Gang und machte Sinas Frühstück bereit – ausnahmsweise. Nachdem sie sich – es war mittlerweile schon 11.00 Uhr – maulfaul und übernächtigt an den Tisch bequemt hatte, stand sie wieder auf und rief erst einmal Sebastian an. Das dauerte und dauerte. Ich las inzwischen fast die gesamte Wochenendausgabe der Zeitung. Endlich hockte sie gegen Mittag schlechtgelaunt neben mir und schimpfte erst einmal auf die Formulare und die blöden Leute, die so was erfinden. Das überhörte ich mit Geduld und fing an, mit ihr die Papiere durchzugehen. Mittendrin ging sie in die Küche und machte sich umständlich einen Joghurtbecher zurecht, mit dem sie dann schmatzend an den Tisch zurückkehrte. Mütter haben Nerven wie Stahl? Wer hat das behauptet? Meine schienen sich in Glas zu verwandeln. Wir schafften einige einfache Blätter. Sobald die schwierigeren drankamen, die wir unbedingt gemeinsam bearbeiten mußten, erhob sich Sina und sagte, ich solle schon mal allein weitermachen.

„Wieso denn das nun?" – „Ich werde mir jetzt erst einmal die Haare waschen!" Fassungslos saß ich da und fing an zu weinen. Da ertönte aus den oberen Räumen die Stimme des Vaters, ganz gelassen, ganz ruhig: „Nein, das wirst du nicht tun!" Langsam kam Daniel die Treppe hinunter, ging auf Sina zu – und gab ihr wortlos eine Ohrfeige. Es war die erste und einzige, die Sina je vom Vater bekommen hat. Sehr spät am Abend beendeten wir beide, Sina und ich, zügig unsere Arbeit, nachdem sie – empört über die „Mißhandlung" – von ihrem Ausflug in die weite Welt hinein freiwillig und friedlich zurückgekommen war.

Das Hängekleid

Dieses ist das heikelste Erlebnis, das ich im Bereich von „Grenzüberschreitung" in der Familie hatte, und ich werde es sehr vorsichtig beschreiben, damit weder Daniels noch Sinas Ansehen beschädigt wird. Andererseits möchte ich es nicht unterschlagen, weil diese Erfahrungen wohl nicht so einmalig sind, wie ich zunächst dachte.

Daniel (50), Sina (15) und ich (48) verbrachten die Sommerferien in Meran. Wir wanderten und lagerten, wir schrieben Briefe und lasen, wir kochten gemeinsam und schwammen, wir lachten und ärgerten uns. Es war alles herrlich und normal zugleich. Da es sehr heiß war, hatte ich mir ein leichtes Hängekleid gekauft, das so geschnitten war, daß ich es auch ohne BH tragen konnte. Aber das war eine solch ungewohnte Situation für mich, daß ich mich damit in der Öffentlichkeit nicht wohlfühlte, weil ich mir total nackt vorkam. Deshalb trug ich das Kleid nur zu Hause in der Ferienwohnung. Eines Tages griff sich Sina das Teil, zog es über und fing an, damit vor ihrem Vater auf dem Balkon zu posieren und verführerisch hin und her zu schlendern. Daniel, der zunächst kaum von seinem Buch aufsah, wurde zunehmend von dem Anblick des jungen Mädchens gefesselt und schaute zuerst amüsiert und gleich danach gebannt zu. Die Sonne schien plötzlich durch das dünne Gewebe hindurch, so daß sich die kleinen festen Brüste transparent abzeichneten. Ich nahm – aus dem Zimmer heraus – die Szene wie einen Filmausschnitt wahr: Ein älterer Mann und ein sehr junges Mädchen. Die Rollen Vater und Tochter schienen nicht mehr zu existieren. Lolita kam mir in den Sinn. Niemand sprach ein Wort. Ich trat zu den beiden ins Freie, und der Zauber verflog. Der Vater las weiter, die Tochter zog sich einen Badeanzug an und ging schwimmen, und die Mutter packte das Hängekleid in einen Koffer und zog es nie wieder an.

Kommentar

Es scheint mir, daß es in der Geschichte der Völker immer die Grenzstreitigkeiten waren, die zu Kriegen geführt haben.

„Kinder brauchen Grenzen" heißt ein wichtiges Buch von Jan Uwe Rogge. „Die Grenzen von Kindern zu achten und zu respektieren bedeutet, ihnen eine würdige Entwicklung zu garantieren." Aber er schreibt auch: „Wer Kindern durch enge Grenzen Erfahrungen ersparen will, macht Heranwachsende lebensuntüchtig." Nicht nur Kinder brauchen Grenzen, auch Erwachsene! Die Wahrung der Intimsphäre, d. h. der persönlichen Grenze, da wo ich anfange, ist eine der wesentlichsten Kriterien für den Umgang der Menschen miteinander. Da gibt es zwar kulturelle Unterschiede (Carlos aus Paraguay hatte vor seiner Zeit in Deutschland noch nie allein in einem Raum geschlafen, war überhaupt sein Leben lang immer mit Menschen zusammen gewesen), aber Grenzüberschreitungen werden überall als sehr verletzend empfunden und meist hart geahndet.

Während der Vater mit seiner dreijährigen Tochter unbefangen gemeinsam in der Badewanne plantschen darf, wird er dieses zehn Jahre später tunlichst meiden.

Wenn kleine Kinder, ohne anzuklopfen, in das elterliche Schlafzimmer und in deren Bett tapsen, so ist das ihr gutes Recht. Spätestens mit zehn Jahren sollten Kinder es aber gelernt haben, daß das Schlafzimmer der Eltern für sie nicht zu jeder Zeit frei begehbar ist. Umgekehrt gilt genauso eine Grenze. Ich bin heute noch beschämt, daß ich einmal vollkommen gedankenlos in Susannes Zimmer gegangen bin, während sie und ihr Freund sich darin aufhielten. Dabei wollte ich nur die Blumen gießen.

„Tochter verprügelt – Bewährung" titelt das Hamburger Abendblatt am 8. 4. 99. Die Eltern einer „über die Stränge schlagenden" 16jährigen wußten sich nicht anders zu helfen als mit Prügeln, nachdem das Mädchen verbotenermaßen 30 Stunden lang nicht nach Hause gekommen war und dann verkündete, daß es ausziehen wollte. „Das hat das Faß zum Überlaufen gebracht" bekannte der zerknirschte Vater. Er hatte – völlig hilflos – Grenzüberschreitung mit Grenzüberschreitung beantwortet.

Während die Tochter einfach von der Familie weggeblieben war, ohne sich zu melden, was bei den Eltern vermutlich erhebliche Ängste ausgelöst hat, war der Vater nicht in der Lage, seine Aggression in Worte zu fassen. Von der Ehefrau wohl auch im Stich gelassen, denn sie wird als eine mögliche Vermittlerin gar nicht erwähnt, fällt ihm nur seine körperliche Überlegenheit ein. Er will die alten Grenzen in einer veränderten Situation mit Gewalt aufrechterhalten. Wenn der Mann als Kind auch überwiegend mit Prügeln aufgewachsen ist, so hat er oft gar keine anderen Verhaltensmuster gelernt.

Schlagende Eltern sind oft ratlose Eltern.

Mit Sicherheit ist auch über lange Zeit oder nie in dieser Familie über gemeinsame Verhaltensgrenzen gesprochen worden. Das kann zwar anstrengend, aber auch klärend zugleich sein.

Zwischen Eltern und Kindern müssen je nach Alter und Entwicklungsstand die Grenzen ständig neu ausgehandelt und festgelegt werden, und zwar nicht nur Grenzen für die Jugendlichen, sondern auch für die Erziehungsberechtigten: Der Umgang mit den Freunden der Kinder muß geübt werden und führt manchmal wie bei der „Gabel-Allergie" oder dem „Kamin-Gelage" zu heftigen Problemen.

Will ich es aushalten, daß Freunde der Kinder auf das Grundstück kommen, ohne mir „Guten Tag" zu sagen?

Kann ich damit einverstanden sein, wenn sie laute Musik machen, während ich arbeiten muß?

Setze ich Grenzen, wenn es um den Verbrauch von Getränken und Lebensmitteln geht? Oder bin ich stolz auf meine Großzügigkeit, auch wenn ich auf diese Weise den Kühlschrank dauernd nachfüllen muß und mit meinem Haushaltsgeld nicht auskomme?

Die Verantwortlichkeiten müssen neu verteilt werden, siehe „Hotel Mama". Die Jugendlichen sollten im Rahmen ihrer Möglichkeiten auch Hausarbeit und Einkäufe übernehmen. Ebenso muß eventuell die Nutzung der Räumlichkeiten neu geregelt werden. Wenn die ältere Schwester ihren Freund zu Besuch hat, sollte für die jüngeren Geschwister schon gelten, daß sie sich von diesem Raum fernhalten. Und umgekehrt muß die Ältere auch einmal weichen, wenn große Spiellandschaften der Jüngeren viel Platz in Anspruch nehmen.

„Diese Sorgen mache ich mir gar nicht", sagte eine Freundin zu mir. „In mein Haus sollen die

Kinder ihre Partner nur nach besonderer Einladung mitbringen." Auch eine Grenzziehung, aber für einen hohen Preis, denn so werden auch die eigenen Kinder aus dem Haus getrieben. Und kann das unser Ziel sein?

Manchmal sind die „Alten" die Grenzverletzer, indem sie die Kinder für unmündiger halten, als sie sind. Meine Mutter hätte mich fragen müssen, ob ich bereit wäre, Onkel Albin in meinem Bett schlafen zu lassen, und ich hätte selbstverständlich Susanne fragen müssen, ob sie den Theater-Typen überhaupt treffen wollte. In anderen Fällen glauben die „Jungen", mit den Eltern alle Macht teilen zu können. So mußte Sina lernen, daß sie nicht über unser Geld zu bestimmen hatte und über die Nutzung meines Autos schon gar nicht.

„Tanzlieder" nennt Howard Halpern in seinem Buch „Abschied von den Eltern" die wiederholten Verhaltensmuster zwischen Eltern und Kindern, die bis ins Erwachsenenalter, vielleicht sogar ein Leben lang in gleicher Weise vollzogen werden:

Auf einen Vorschlag des Sohnes reagiert der Vater immer mit Ablehnung. Das bedeutet: Der Sohn macht keine Vorschläge mehr. – Wenn die Tochter anruft, überschüttet die Mutter sie jedes Mal mit Vorwürfen, daß sie nicht eher angerufen hat. Dadurch erreicht sie genau das Gegenteil: Die Tochter hat überhaupt keine Lust mehr anzurufen. –

Wenn der Jugendliche eingekauft hat, kritisiert die Mutter regelmäßig Quantität und Qualität der Waren – mit dem Ergebnis, daß der Sohn sich immer häufiger vor dem Einkauf drückt.

Auf eine Bitte der Kinder erfolgt immer erst einmal eine Absage der Eltern. Die Kinder wissen aber genau, daß sie die Eltern nur lange genug „nerven" müssen, um die Bitte doch erfüllt zu bekommen. So gibt es jedes Mal ein großes Gezerre und Gezetere um vergleichsweise kleine Dinge.

Wieviel Kraft könnte in andere sinnvollere Tätigkeiten gesteckt werden!

Je mehr verfestigte „Tanzlieder" zwischen den Partnern in dieser Choreographie auf der Grenzlinie gesungen werden, umso schwieriger wird das Ballett. Sie können zu Teufelskreisen werden, aus denen die Familienmitglieder oft nur durch räumliche Trennung und die professionelle Hilfe von außen herausfinden können.

Solch einen Teufelskreis-Tanz hat Daniel mit seiner Ohrfeige durchbrochen an dem Sonntag, als Sina mich immer wieder auflaufen ließ und mir das Risiko zu groß war, sie auflaufen zu lassen.

Manchmal versteckt sich auch Eifersucht hinter der Weigerung einer Mutter, eines Vaters, die früher festgelegten Grenzen, die für das Kind galten, nun für den Jugendlichen zu erweitern. Die Freundinnen und Freunde der Söhne und Töchter erinnern uns an unsere eigene erste Phase der Verliebtheit und schmerzlich an unser Älterwerden. Da können Neid und Eifersucht auftreten.

Andererseits gibt es die Eltern im Jugendwahn, die gar keine Grenzen zwischen ihrer und der Generation der Kinder zulassen wollen, wie sie Eva Zeltner beschreibt: Sie kleiden sich wie ihre Sprößlinge, gehen mit ihnen in die Disco, treiben wie sie Extremsport und finden auch alles „geil", was die Jugendlichen gern mögen. Sie verwischen mit den Grenzen auch die Identitätsmöglichkeiten, die ursprünglich nur den jungen Leuten vorbehalten waren.

Nehmen wir als Beispiel die Disco, wo Zwanzig-jährige schon als „Grufties" bezeichnet werden und Dreißigjährige mit dem Spruch empfangen werden: „Nun kommen sie schon hierher, um zu sterben." Wenn sich da auch die Eltern der „kids" herumdrücken, um sich zu amüsieren, dann haben die Jungen überhaupt keinen Freiraum, wo sie mal nur sie selbst und nicht irgend jemandes Kinder sind.

Dadurch werden die Jugendlichen um ihre Eigen-artigkeit betrogen und suchen zunehmend Felder, auf die ihnen die Eltern nicht folgen können oder wollen. Das kann als extreme Grenzerfahrung so-gar der Drogenkonsum sein. Die Jungen riskieren ihre Gesundheit, nur um irgendwo ihren „Alten" aus dem Weg gehen zu können. Hinter dieser Grenzverletzung durch die Eltern steckt m. E. die Unfähigkeit mancher Erwachsener, die eigenen Grenzen zu erkennen, die das Altern mit sich bringt. Es gibt genügend Gelegenheiten, wo Er-wachsene tanzen können, da sollten sie die Disco den Jungen überlassen.

Auf der anderen Seite der Grenze herrscht auch Unsicherheit: Kleine Kinder werden mitgenom-men in verrauchte Kneipen, in schwülstige Liebes-filme, müssen unbeweglich am fein gedeckten Tisch im Gourmet-Restaurant ausharren, werden in Museen geschleppt, in denen Kunstwerke ihnen viele Welten interpretieren, bevor sie die eine Welt überhaupt kennenlernen konnten. Dahinter ver-birgt sich die Angst der Eltern, etwas zu verpassen, wenn sie ihre Zeit für wenige Jahre überwiegend dem Nachwuchs und seinen Bedürfnissen widmen. Da nehmen sie es lieber in Kauf, daß ihre Kinder gelangweilt, überanstrengt und um kindliche Erfahrungsräume betrogen werden.

Wegen der weithin fehlenden für alle verbindlichen Wertmaßstäbe ist es für die Jugendlichen in unserer Zeit eh viel schwerer, sich ein eigenes Leben mit geistigen und sozialen Zielen zu schaffen. Früher gaben je nach Kulturkreis die Kirchen, die Schulen, der Staat vor, wie solch ein Lebensweg auszusehen hatte. Für die Mädchen bedeutete das – genau in dieser Reihenfolge: Haushaltsführung lernen, heiraten, Kinder kriegen und aufziehen, den Mann versorgen und danach ein bißchen Ehrenamt im sozial-kirchlichen Bereich, kombiniert mit der Betreuung alter Angehöriger und der Enkel.

Für die Jungen galt: Lehre oder Studium, Soldat sein, Beruf ausüben, heiraten, Familie gründen, Geld verdienen, Mitglied in mindestens einem Verein sein, zu Hause versorgt werden, aber alle wichtigen Entscheidungen in Anlehnung an das Übliche allein treffen.

Solche Lebensweisen sind am Aussterben. Mädchen wollen wie Jungen einen Beruf haben, nicht allein für die Aufzucht der Kinder und den Haushalt zuständig sein, sich mit ihren Möglichkeiten selbst verwirklichen und Spaß haben. Jungen lernen, daß es auch schön ist, mit dem Vater zusammen zu sein.

So müssen alle jungen Leute heute tatsächlich ihr Leben und ihre Normen selbst „erbauen", ganz individuell und flexibel (schon wegen der Arbeitsmarktlage). Sie finden Orientierung bei Gleichaltrigen, stoßen aber zwangsläufig an Grenzen: bei den Altvorderen, bei den Partnern, bei der Gesellschaft, bei sich selbst, – und das bedeutet eine Menge Arbeit.

Abschließende Bemerkungen II

Wenn Sie
manchmal an die eigene Pubertät und Ihre damaligen Verhaltensweisen denken,
meistens Geduld mit Ihrem pubertierenden Nachwuchs haben, aber manchmal auch richtige Wut,
Ihr Kind zwar nicht immer verstehen, doch sich ständig darum bemühen,
gute Kontakte zu Schule und anderen „Leidtragenden" pflegen,
über gemeinsame Aktivitäten die Nähe zu halten versuchen, so daß Angst gar nicht entstehen kann,
sich bei den Kindern entschuldigen, wenn Sie im Unrecht sind, dasselbe aber auch von den Kindern erwarten,
es vermeiden, dem Kind Ihre Zukunftsvorstellung aufzuzwingen,
von zu vielem „Geschimpfe" Abstand nehmen,
normalerweise konsequent sind, aber gelegentlich „über die Stränge" schlagen
und wenn Sie dann noch lächelnd aus der Vogelperspektive auf sich und Ihr wuseliges Erdenleben hinuntergucken können,
ja dann sind Sie absolut super!
Ich kenne allerdings niemanden, der ganz und gar so ist. Deshalb lesen Sie ja auch dieses Buch!

Teil III: Nach der Ablösung

Haben wir es geschafft?

Einleitende Fragen III

Erwarten Sie ausgesprochenen Dank von Ihren erwachsenen Kindern, wenn Sie sie beschenkt haben?

Erwarten Sie grundsätzlich Dankbarkeit für die Tatsache, daß Sie die Kinder in die Welt gesetzt und aufgezogen haben?

Bitten Sie die Kinder auch einmal um etwas?

Schonen Sie Ihre Kinder?

Verschweigen Sie ihnen eigenen Kummer?

Helfen Sie Ihrem (erwachsenen) Kind bedingungslos?

Geben Sie ungefragt Ratschläge?

Machen Sie deutlich, daß Sie den Partner, die Partnerin des Sohnes/der Tochter (nicht) mögen?

Warten Sie täglich auf einen Anruf oder ein Lebenszeichen des erwachsenen Kindes?

Stehen Sie immer bereit für Ihre Nachkommen?

Nehmen Sie Kritik an von den Herangewachsenen?

Genießen Sie gegenseitige Besuche?

Haben Sie einen vorwurfsvollen Ton in der Stimme, wenn nach längerer Pause mal wieder ein Anruf kommt?

Entdecken Sie Eigenschaften an Ihrem Kind, die Sie vorher so nicht wahrgenommen haben?

Freuen oder ärgern Sie sich, wenn Sie Ähnlichkeiten zwischen sich und dem jungen Erwachsenen feststellen?

Haben Sie manchmal Sehnsucht nach der vergangenen Zeit, als die Kinder noch klein waren?

Haben Sie manchmal im nachhinein ein schlechtes Gewissen, weil Sie feststellen, daß Sie eine Menge falsch gemacht oder versäumt haben in der Erziehung?

Können Sie den Kindern verzeihen und vor allem sich selbst?

Leben Sie Ihr eigenes Leben so erfüllt wie möglich, oder warten Sie auf ständige Anregungen und Informationen von den Nachkommen?

Lieben Sie Ihr Kind immer noch?

1. Zwischen Trauer und Erleichterung

Der große Krach

Manchmal merkt man erst nachträglich, wozu gewisse Ereignisse nötig waren: Margret, geschieden, deren jüngster Sohn Götz mit 27 Jahren jetzt endlich ausgezogen ist, erinnert sich: „Wir konnten uns nicht trennen, weil er ständig meinte, die Fürsorge des fehlenden Ehemannes übernehmen zu müssen. Andererseits konnten wir uns aber nicht mehr ertragen, weil er gleichzeitig den kleinen Sohn spielte, so daß ich aus der Mutter-Verantwortung nicht herauskam. Es war wie verhext." Erst eine Kette von Auto-Unfällen in Zusammenhang mit Alkohol, in die Götz verwickelt war und die Margret bis an die Grenze der Belastbarkeit trieb, gab ihr die Kraft und ihm den Mut, eine räumliche Trennung herbeizuführen.

Unser Freund Adrian brauchte offensichtlich ein ähnliches „Szenarium", um sich von der einzigen Tochter abzunabeln, die er in ihren ersten Lebensjahren entscheidend aufgezogen hat, die aber längst im Ausland lebt. Adrian, von Beruf Psychologe, liebt seine Tochter sehr und hat eine enge seelische Bindung an sie. Neulich besuchte er sie und ihren Freund in London und stand – völlig unerklärlich – von Anfang an unter Spannung. Die Tochter wollte alles besonders schön machen für den Vater, fühlte sich im Streß . . . die engen räumlichen Verhältnisse . . . dazu das Londoner Wetter . . . Kurz vor der Abreise brach das Gewitter los. Adrian schleuderte die ersten Blitze, die Tochter antwortete mit Donnergrollen. Der Freund wollte in den Sturmpausen ausgleichen. Es half nicht. Die beiden schrien sich an wie noch nie in ihrem Leben, waren der Wucht ihrer Aggressionen hilflos ausgeliefert und trennten sich – bedingt durch den Abflugtermin – in tiefstem Zerwürfnis. Als Adrian mir davon erzählte, spürte ich seine Verzweiflung über sein eigenes „unmögliches" Verhalten. Er schrieb der Tochter bald darauf einen Brief, in dem er um Verzeihung bat, aber es dauerte lange, bis sie antwortete. Nach einem halben Jahr Schweigen besuchte sie ihn in Deutschland, und Adrian berichtete danach strahlend: „Wir verstehen uns besser denn je. Es kommt mir vor, als sprächen wir jetzt wie zwei Erwachsene, wie Partner, miteinander und weniger wie Vater und Tochter."

Das ist und bleibt dein Bett

Diesen Satz sagt Senta Berger in ihrer Rolle als Mutter in dem Film „Sie und Er" zu ihrer Filmtochter, die im Begriff steht, aus dem elterlichen Haus wegzuziehen. Und sie fährt sinngemäß fort: „. . . und dieses Zimmer bleibt dein Zimmer für immer." Solche Sätze können sich erstens nur Eltern mit sehr viel Wohnraum leisten, und zweitens scheinen sie mir nicht sehr sinnvoll zu sein.

Hanni, deren Brief ich schon in der Geschichte „Und ich hab's nicht gemerkt" erwähnt habe, hat es nämlich so gemacht. Das Zimmer der Tochter Friederike blieb über Jahre unangetastet so bestehen, wie Friederike es relativ überstürzt zurückgelassen hatte. Einmal in der Woche lüftete Hiltrud den Raum und entstaubte die Gegenstände. Mir kam jedes Mal eine Gänsehaut, so als wäre die Tochter gerade gestorben, und ihr Andenken könnte nur durch Konservierung des Mobiliars heilig gehalten werden. Als ich wider Erwarten einmal dort übernachten durfte, fühlte ich mich wie in einem Mausoleum und erlebte Hiltrud als Museumswärterin der Kinderliegenschaften.

Wir haben das anders geregelt. Als Susanne auf Dauer nach Amerika ging, wurde aus ihrem kleinen Raum das sogenannte Computerzimmer, und als Sina eine eigene Wohnung bezog, machten wir aus ihrem Zimmer den Hausarbeitsraum zum Bügeln und Basteln. Beide ehemaligen Kinderzimmer sind gleichzeitig als Gästeräume zu nutzen, auch für die Kinder, wenn sie unsere Gäste sind. Aber sie wurden nicht nur funktionsgerecht umgestaltet, sondern sie hießen von Stund an auch nach ihrer neuen Funktion. Das setzt natürlich voraus, daß die Kinder auch alle ihre Sachen entrümpeln, mitnehmen oder für eine begrenzte Zeit – ordentlich in Kisten verstaut – auf dem Dachboden „zwischenlagern". Vielleicht waren wir ein wenig zu schnell, denn Sina sagte beim ersten Besuch nach ihrem Auszug: „Mensch, habt ihr das eilig gehabt mit dem Umräumen! Ihr wolltet mich wohl unbedingt loswerden."

Dem Streß setze ich mich noch nicht aus

Nach einem meiner UNI-Seminare fragte mich ein Student, ob ich mit dem Auto da wäre und ob er mit mir in Richtung Harburg fahren dürfte. Zufällig stand mein Pkw nicht allzu weit weg, und zufällig wollte ich auch ohne Umwege direkt nach Hause fahren. Ich nahm ihn also mit. Nach seinem Führerschein gefragt, antwortete er: „Dem Streß setze ich mich noch nicht aus." – Ob er alleine wohne? Die gleiche Antwort. – „Wie lange studieren Sie denn schon?" Das mochte er gar nicht so gern genau sagen. Ziemlich lange jedenfalls. Er müßte eigentlich längst seine Prüfungen abgeschlossen haben, aber dem Streß wollte er sich noch nicht aussetzen. So ging es die ganze Fahrt über: Ich sprach irgendein Thema an, das in die Nähe von Anstrengung geriet, und prompt antwortete er heiter mit seinem Anti-Streß-Satz. Kurz vor dem Harburger Bahnhof, an dem ich ihn hinaussetzen wollte, fragte er arglos, ob ich ihn nicht direkt nach Hause fahren könnte, (obwohl er wissen mußte, daß das für mich einen erheblichen Umweg bedeuten würde). Ich sah ihn an, schüttelte den Kopf und erwiderte ebenso locker-flockig wie er: „Nein, dem Streß setze ich mich heute nicht mehr aus."

Das erbst du alles mal

Erben muß etwas Wundervolles sein, habe ich – leider selber weitgehend davon verschont – immer gedacht. Und die Aussicht auf großes Erbe muß den Menschen schon im Vorwege frei und unabhängig stimmen, bildete ich mir ein. Das war, bevor ich Klara kennen lernte. Sie bewies mir das Gegenteil. Sie ist einziges Kind einer einzigen Tochter und hat wegen der Scheidung der Eltern und der Wiederverheiratung der Mutter drei wohlsituierte Großeltern-Paare. Sie wird ständig mit dem Phänomen des Erbens konfrontiert. „Wäre dir das recht, wenn wir noch einen Wintergarten anbauen ließen?" fragen die Eltern der Mutter. „Du mußt es ja auch mögen, denn du erbst das alles mal." Also gibt Klara, gerade zwanzig Jahre alt, ihr Votum zum Ausbau ab, obwohl sie sich zur Zeit für nichts weniger interessiert als für das Haus der Großeltern auf dem Lande. „Ich habe meinen Schmuck zur Reinigung gegeben und will einige Teile ergänzen lassen. Wann hast du Zeit, damit wir gemeinsam den Juwelier aufsuchen können? Dir soll es ja auch gefallen. Du wirst die Stücke doch nach mir tragen." Die Großmutter väterlicherseits läßt nicht locker. Klara ringt sich zu einem Termin durch und stellt erneut fest, daß sie die Ketten, Ringe, Armreifen und Broschen schon immer abscheulich fand. Düster gibt sich der Großvater von der verwandtschaftlichen Seite des angeheirateten „neuen" Vaters. „Bevor ich hier noch irgendeinen Busch pflanze, frage ich dich lieber erst, Klara. Denn ich sterbe sowieso, bevor der richtig angewachsen ist." Die Enkelin wiegelt ab, berät, kauft mit ein und hätte sich doch tausendmal lieber zu dem Zeitpunkt mit ihrem Freund getroffen. „Aber überleg mal, wieviel Geld und Besitz dir eines Tages zur Verfügung steht für ein sorgenfreies Leben", gebe ich zu bedenken, als Klara sich bei mir ausjammert. „Du brauchtest eigentlich überhaupt keinen Beruf zu erlernen, höchstens den einer Verwalterin deiner eigenen zukünftigen Immobilien!" Ich begeistere mich richtig an dieser Vorstellung. Erschrocken sieht Klara mich an. Dann fragt sie: „Muß man das Erbe eigentlich immer annehmen?"

Schon wegen der Wäsche

Endlich ist auch Jan von zu Hause ausgezogen, der letzte aus Sinas Jahrgang. Urte, seine Mutter, schildert mir gleich danach, wie schwer es ihm gefallen ist, die Eltern zu verlassen. „Jan hängt ja so sehr an uns. Er fühlt sich ganz verloren ohne uns. Er hat doch immer unseren Rat gesucht. Jeden Abend hat er mir erzählt, wie sein Tag war. Und was er alles mit seinem Vater unternommen hat! Das fehlt ihm jetzt natürlich. Vielleicht hätten wir doch noch warten sollen, aber er hat ja diese schöne Stelle im Norden bekommen, da ist es wirklich sinnvoller, wenn er dort in der Nähe wohnt. Wir haben ihm selbstverständlich bei der Einrichtung geholfen . . ."

Kurz danach treffe ich Jan zufällig im Bus. Ich benehme mich wie einem Leidtragenden gegenüber und gehe vorsichtig und ausgiebig auf seinen Trennungsschmerz ein. Er schaut mich eine Weile verdutzt an. Er schüttelt mehrmals verständnislos den Kopf. Als ich schließlich an der Stelle bin „. . . deshalb kann ich gut verstehen, daß du deine Eltern jede Woche mindestens einmal besuchst . . ." unterbricht er mich: „Hat Mama Ihnen das alles erzählt?" – „Naja, weshalb sonst ist dein Kontakt zu den Eltern so eng?" Jan lacht. Er ist an seiner Haltestelle angekommen. Im Hinausspringen ruft er mir zu: „Ist doch klar – wegen der Wäsche!" und zeigt auf seine prallgefüllte Tasche.

Und ich hatte angenommen, da wären Geschenke für seine Eltern drin.

Kläuschens kleines Klavierkonzert

So innig war das Band zwischen Mutter und Sohn, daß Kläuschen fünfzig Jahre alt werden mußte, bevor er eine passende Frau gefunden hatte – passend auch für seine Mama, versteht sich. Geheiratet wurde natürlich erst, als eine Wohnung frei geworden war direkt über Mamas Wohnung. So konnte sie ihn als erste begrüßen, wenn er abends aus dem Katasteramt kam. Manchmal lockte sie ihn auch mit einer grünen (auf keinen Fall der roten!) Götterspeise in die Wohnung und hatte ihn so wieder ganz allein für sich. Wenn es Kläuschen dann nach gebührend langer Zeit doch zu seiner Frischangetrauten nach oben zog, machte Mama ihm drollig schmollend Vorwürfe und ließ ihn erst gehen, nachdem er ihr das bekannte Versprechen erneut gegeben hatte. „Du weißt schon, ich kann sonst kein Auge zutun."

Die Frau an Klausens Seite war nicht nur passend wie gebacken für ihn, sondern auch einfallsreich. Als es ihr nämlich wirklich zu viel wurde, daß ihr Ehemann Abend für Abend auf dem Klavier für seine Mutter „Die kleine Nachtmusik" spielte, kaufte sie eine CD und ließ sie zur richtigen Zeit ablaufen – bei geöffneter Wohnungstür natürlich – wie verabredet.

Kommentar

„Nach dem Auszug des letzten Kindes wurde aus
der Zeit der Eile die Zeit der Besinnung", sagt eine
Bekannte, die gerade anfängt, aus der Trauer heraus
das Gefühl der Erleichterung zu erkennen. Nicht
mehr schon beim Betreten der Wohnung in der Tür
überfallen zu werden mit den Problemen der Heranwachsenden, empfindet sie als entspannend.
Gleichzeitig vermißt sie die „jugendliche Unbeschwertheit" im Haus. Die alltägliche Ansprache
fehlt, und das macht sie traurig – zumal kein Ehe-
partner mehr da ist. Jetzt kann sie aber nachts
durchschlafen, weil sie nicht mehr wartend wach-
liegt, bis der Sohn frühmorgens aus der Disco
kommt. Sie entdeckt, wie aufregend es sein kann,
ein selbst- und nicht überwiegend kindbestimmtes
Leben zu führen. Den eigenen Rhythmus zu erpro-
ben, empfindet sie als große Chance zur Persön-
lichkeitserweiterung. Andererseits ist sie nun mit
ihrem Älterwerden mehr konfrontiert als vorher.
Sie verfällt manchmal in Wehmut, wenn sie die
Kinderfotos ansieht, wenn sie im Gästebuch blät-
tert, wenn ihr selbsterstellte Geschenke der Kinder
in die Hände fallen. Dabei hat sie es all die Jahre
versucht nach folgendem Motto: „Erziehung ist
Leitung in die Freiheit des Menschen." (Erwin
Ringel)
   Ich werde immer melancholisch, wenn ich mit
dem Fahrrad den Schulweg der Kinder nachfahre.

Wie oft sind sie dahin und zurückgefahren, geht mir durch den Kopf. Bei Wind und Wetter! In Gedanken sehe ich sie vor mir herfahren, so wie ich es tat, als sie zum ersten Mal den Weg fuhren. Wie viele Jahre sind das gewesen, und wie lange ist es schon her!

Manchmal werde ich auch traurig, wenn der Tiefkühl-Verkäufer kommt und ich wieder nichts abnehme für uns zwei. Zuerst war ich sehr erleichtert, daß die Einkaufsmenge so geschrumpft war. Weniger Ausgaben – weniger Schlepperei. Aber dann bietet er jede Menge Grillgut (so heißt das jetzt) an, und ich wünschte, wir könnten spontan am Abend mit den Kindern und ihren FreundInnen eine Grillparty geben.

Jeder Abschied – zumindest der von geliebten Menschen und Gewohnheiten – macht zunächst erst einmal traurig und läßt uns etwas ratlos zurück. Aber in jedem Abschied steckt auch die Möglichkeit der Neubesinnung und des Anfangs.

Sollte sich allerdings der Trend verstärken, wonach junge Erwachsene ihren Auszug aus dem Elternhaus immer weiter hinauszögern, dann sieht es für den dritten Lebensabschnitt, die kraftvolle Selbstverwirklichung der Eltern, nicht sehr gut aus. Manche Eltern meinen, sie dürften aus Höflichkeit oder falsch verstandener Elternliebe keinen Anstoß geben, sondern müßten ausharren mit ihren Jungen im Nest, bis diese von selbst wegfliegen.

Selber schuld, und selbst so gewollt: Wenn Urte lieber die Wäsche von ihrem Sohn wäscht, statt sich in der Zeit ihrem Hobby (Seidenmalerei) zu widmen!

Eine meiner Kolleginnen hatte sich angeblich seit Wochen auf einen „Spiel-Tag" bei mir gefreut und vorbereitet. Dann sagte sie plötzlich ab, weil ihr Sohn umziehen wollte (von zu Hause war er längst ausgezogen). Ob sie sich denn die Schlepperei zutrauen würde, fragte ich etwas hinterhältig. Nein, aber wer würde die Männer versorgen!!?

Laut Hamburger Studentenwerk erweisen sich übrigens nur 17,7 Prozent der jungen Frauen gegenüber 27,9 Prozent der jungen Männer als volljährige „Nesthocker" im elterlichen Heim.

Im Gegensatz zu früher, wo die finanzielle Abhängigkeit von den Eltern auch die moralische und häusliche bedeutete, bleiben heute viele Jugendliche aus Bequemlichkeit und Sparsamkeit zu Hause. Außerdem scheuen sie den Mangel an Luxus im möglichen eigenen Heim und die Fülle der neuen Verpflichtungen. Die meisten Eltern begrüßen dagegen nach dem Auszug der Kinder ihre neu gewonnenen Freiheiten, zumal die Zeit davor häufig von alltäglichen zermürbenden Konflikten geprägt war.

Etwas schwieriger gestaltet sich diese Phase für Mütter, die keinen eigenen Beruf haben und überwiegend Hausfrauen sind. Diese neigen auch am ehesten dazu, die Kinder im elterlichen Hause über das Maß hinaus festzuhalten. Aber im Grunde ist es höchste Zeit, daß sich die Jugendlichen nach Abschluß der Schulzeit, der Lehre, spätestens des Studiums selbständig machen. Dann können die Eltern sich noch eine gute Nach-Kinder-Phase aufbauen, bevor sie durch das Alter in ihrer Selbständigkeit wieder eingeschränkt werden.

Ob wir es geschafft haben mit der Ablösung? Das merken wir spätestens, wenn wir unsere Kinder nur noch gelegentlich vermissen und uns nicht ununterbrochen nach ihnen sehnen. Wenn wir nicht ständig in Alarmbereitschaft geraten, sobald bei den „Kindern" etwas schief läuft. Wenn wir uns selbst Dinge – auch kostspielige – gönnen, ohne mit schlechtem Gewissen zu denken, daß die „Kinder" dieses Geld viel nötiger hätten. Wenn wir auch einmal „Nein" sagen können bei etwaigen Forderungen der Jungen, also nicht die ständige „Oma auf Abruf" oder der immer bereite „Opa fürs Grobe" sein wollen, wir aber andererseits auch einmal wagen, von uns aus um Hilfe bei den Jungen zu bitten – dann ist die beiderseitig einvernehmliche Abnabelung vermutlich gelungen.

2. Zwischen Eigenständigkeit und Abhängigkeit

Mutti, Mutti über alles

Endlich hatte sich Daniels alter Freund und Kollege Herbert dazu aufgerafft, uns auch einmal zu sich ins Haus einzuladen, nachdem er viele Male bei uns – in seinem neuen Status als Frischgeschiedener und somit in seinem alten Status als Junggeselle – Gastfreundschaft und Zuspruch genossen hatte.

Er hatte sich richtig Mühe gegeben, empfing uns an der Tür mit Schürze und Kochmütze und kredenzte trockenen Sherry. Der Tisch war liebevoll gedeckt, der Salat selbst angerichtet, die Suppe nicht aus der Dose („Mutti hat mir das Rezept durchgegeben") und der Fisch sollte frisch gebraten werden. In aufgeräumter Stimmung und mit gutem Appetit hatten wir uns gerade zu Tisch gesetzt, als das Telefon klingelte. In solchen Fällen pflegten wir (vor Erfindung des Anrufaufzeichners) den Hörer abzunehmen und den Anrufer höflich, aber bestimmt mit Hinweis auf „Gäste und warmes Essen auf dem Tisch" auf einen späteren Rückruf zu vertrösten.

Nicht so unser Freund Herbert. Er zwinkerte uns zu, hielt für einen Augenblick die Hand auf die Muschel und flüsterte uns zu: „Es ist Mutti!" in einem Tonfall, als hätte Königin Elisabeth persönlich das Wort an ihn gerichtet.

Während wir vor der duftenden heißen Suppe saßen, beantwortete Herbert geduldig „Muttis" Fragen. „Ja, das ging gut mit der Mehlschwitze, Mutti. – Ja, an den frischen Pfeffer habe ich gedacht. – Nein, so weit bin ich noch nicht . . ."

Wir saßen mit dem sprichwörtlich zusammengelaufenen Wasser im Mund und starrten auf die sich abkühlende Suppe. Unser Gastgeber gab uns leider auch kein Zeichen, daß wir schon anfangen sollten ohne ihn, und wir waren zu gut erzogen, um es einfach zu machen. Als die Flüssigkeit in den Tassen endgültig kalt war, beendete „Mutti" das Gespräch (nicht etwa der Sohn mit dem Hinweis auf unsere Wartehaltung). Herbert kam aufgeräumt an den Tisch, wünschte uns guten Appetit, den wir inzwischen fast verloren hatten und verkündete unschuldsvoll das Motto des Abends: „Gleich wird die gute Mutti wieder anrufen, wenn das mit dem Fisch losgeht."

Auf dem Heimweg leisteten wir Petra endgültig Abbitte, die sich von Herbert nach nur einem Jahr Ehe hatte scheiden lassen, und der wir immer noch ein wenig deswegen gegrollt hatten.

Das tägliche Telefonat

Schon bei der Terminabsprache sagte Birgit, sie wolle entweder 18.30 oder 19.30 Uhr kommen, denn 19.00 Uhr passe ihr nicht gut. Na ja, luden wir sie eben um halb sieben zu uns ein. Sie kam auch pünktlich wie immer, wirkte aber von Anfang an recht nervös. Dauernd schaute sie auf die Uhr, vergewisserte sich, daß ihre eigene Uhrzeit mit der auf unseren Uhren übereinstimmte und rückte schließlich eine Minute vor sieben mit dem Anliegen heraus, ob sie wohl telefonieren dürfe – mit ihrer Mutter, die in der Nähe von Dortmund wohnt. Na klar, wir zogen uns zurück, um außer Hörweite zu sein. Als Birgit nach etwa drei Minuten vom Telefon zu uns kam, war sie deutlich entspannter und atmete richtig auf, was mich veranlaßte, sie zu fragen, ob es ihrer Mutter gesundheitlich wieder besser ginge.

„Wieso?" fragte sie zurück. „Der ging es doch nicht schlecht." – „Aber du scheinst jetzt viel beruhigter zu sein als vorher", erklärte ich meine Nachfrage. Birgit zögerte mit der Antwort und bekannte dann ehrlich: „Ich bin so froh, daß ich es für heute hinter mir habe."

Wir stellten uns als ziemlich begriffsstutzig dar, und sie fuhr fort: „Vor einem Jahr, als es ihr mal schlecht ging, hat meine Mutter mich gebeten, sie jeden Abend um 19.00 Uhr anzurufen, und ich war blöd genug, ihr das zu versprechen."

„Du meine Güte! Täglich? Was gibt es denn Neues zu erzählen?" mischte sich Daniel jetzt ein. Ja, das genau sei ihr Problem, gestand Birgit. Es sei immer nur so ein gegenseitiges rituelles Abfragen wie: Was hast du heute gemacht? Wie geht es dir? Was hast du für morgen vor?

Am schlimmsten sei es, wenn sie, Birgit, abends ins Theater oder ins Konzert ginge, dann könne sie die vereinbarte Zeit nicht einhalten, müsse vorher anrufen oder hinterher, was noch schlimmer sei, weil ihre Mutter dann einen Bericht über das Gesehene und Gehörte erwartete. Unvermittelt fing Birgit an zu weinen und schluchzte, sie hielte das alles nicht mehr aus. „Ja, dann laß es doch einfach sein. Sag ihr, daß es dir zu viel wird", meinte Daniel, schon leicht ungeduldig. Birgit schaute ihn empört an, trocknete rasch ihre Tränen und sagte in meine Richtung mit Bestimmtheit: „Sowas verstehen Männer nicht. – Das kann ich ihr doch nicht antun!"

Die Post der Eltern

Meine Freundin Sandra weiß immer genau, was sich gehört: Was bei welcher Gelegenheit anzuziehen ist, welche Geschenke angebracht sind, wie man sich in welcher Situation zu benehmen hat – alles kein Problem für sie. Nur bei ihren alten Eltern, die in ihrer Nähe wohnen und keineswegs behindert sind, scheint sie die Grenzen nicht zu kennen. Sie behauptet genau zu wissen, was für ihre Eltern gut ist: was sie beim Essen vertragen, ob sie einen Mittagsschlaf brauchen, daß sie jetzt spazieren gehen sollen, welches Theaterstück für die „alten Herrschaften" das Richtige ist, wohin sie verreisen sollen, zu welchem Arzt sie wann gehen müssen . . . Sie klingelt auch nicht, wenn sie das Haus der Eltern betritt, denn sie hat ja einen Schlüssel, und dann stürzt sie sich – ganz gleich, ob die Eltern da sind oder nicht – als erstes auf die eingegangene Post, die auf dem Sekretär liegt. Ungeniert öffnet sie die Briefe, um ungefragt dazu ihre Kommentare abzugeben, als wäre sie nicht fünfzig, sondern fünfzehn Jahre alt.

Irritiert stehe ich daneben und frage kleinlaut, ob das ihre Eltern mit ihrer Post genauso machen würden. „Niemals", antwortet sie lachend, „das möchte ich ihnen auch nicht geraten haben."

Aber Onkel Willi müßt ihr einladen

Als Daniel und ich endlich unsere erste eigene Wohnung hatten – das war 1958 wie ein Wunder und nur möglich mit Mietvorauszahlung, von unseren Eltern geliehen –, beschlossen wir, eine kleine einfache Einweihungsparty für unsere nächsten Verwandten und Freunde zu geben.

Meine Mutter stellte sofort eine Namensliste zusammen und übergab sie uns mit der Auflage, diese Leute müßten wir alle einladen. Verwirrt registrierten wir, daß wir die meisten nur flüchtig kannten, denn es handelte sich um Bekannte und Freunde meiner Eltern. Mit Herzklopfen, aber doch entschieden, lehnten wir ab, daß sie bestimmte, wer unsere Gäste sein sollten. Es gab einen Riesenkrach, in dem das Wort „Undankbarkeit" eine große Rolle spielte, aber wir blieben hart, indem wir ihr erklärten, daß es unsere Wohnung, unsere Party und deshalb auch unsere Entscheidung sein würde. Schließlich wußte sich meine Mutter keinen Rat mehr. Mit hoch erhobenem Kopf rief sie: „Aber Onkel Willi müßt ihr einladen. Dem habe ich es nämlich schon gesagt!"

Die Enkel-Parade

Da treffen sich acht alte Damen alle zwei Monate in einem Lokal in einer Großstadt zum Essen und Reden – aus nostalgischen Gründen. Sie kennen sich schon ein halbes Jahrhundert. Sie sind verbunden durch Erinnerungen an ihre Berufstätigkeit in der gemeinsamen Wirkungsstätte. Sie sind privilegiert und emanzipiert gewesen – schon zu Zeiten, als die meisten ihrer Altersgenossinnen noch für die drei „Ks" lebten, für Küche, Kinder, Kirche.

Sie waren in der unmittelbaren Nachkriegszeit fast alle in die Gewerkschaft eingetreten und äußerst hellhörig, wenn es um politische Fragen ging. Sie haben alle, wie es damals hieß, „ihren Mann gestanden".

Und worüber unterhalten sie sich, wenn sie sich treffen? Probleme des Umweltschutzes? Über die letzten Theater- und Konzertereignisse? Die Regierungserklärung von gestern? Erfahrungen mit Titeln von der Bestsellerliste? Aber nicht doch! Sprechen sie über ihren Alltag, ihre Krankheiten, ihre Reisen? Ja, gelegentlich! Manchmal auch über ihre Partner, so sie denn noch welche haben.

Aber worüber reden sie am meisten? Sie teilen sich mit großer Ausdauer Neuigkeiten von den Kindern und Enkeln beziehungsweise den Neffen und Großnichten mit. Sie zeigen sich Fotos von den Häusern der Kinder, den Autos der Patenkinder und den Errungenschaften der Kindeskinder – mit Stolz und fast wie unter Konkurrenzdruck. Sie sprechen davon, was sie wem vererben wollen und wieviel, und sie erzählen und berichten in endloser Folge von den Nachkommen, als hätten sie kein eigenes Leben mehr.

Hochzeitsaufregung

Neulich haben wir uns wie Hühner benommen, meine Schwägerin Kerstin und ich. Richtig wie eifernde Glucken, völlig übertrieben und total unangemessen. Beinahe hätte unser gutes Verhältnis dauerhaft gelitten, nur weil wir retardiert wieder die Mütter von vorgestern waren.

Und das kam so:

I. Akt des Familiendramas: Alice, Kerstins Tochter und meine Nichte, schickt uns eine Heiratsankündigung, die nicht nur auf dünnes Papier mit Filzstift hingekritzelt ist, sondern auch noch eine Redewendung enthält, wie ich sie nur aus Traueranzeigen kenne: „Feier im engsten Familienkreis." Ich ärgere mich darüber, daß Alice, die bei der Hochzeit von Susanne vergnügt mitgefeiert hat, weder diese, die zufällig in Deutschland anwesend ist, noch Schwester Sina einlädt. Deshalb donnere ich ihr genauso ein Papierchen hin, auf das ich Glückwünsche „aus dem engsten Familienkreis" schmiere.

II. Akt : Alice beklagt sich bitter bei ihrer Mutter Kerstin über meine Reaktion, woraufhin diese sich am Telefon empört bei mir beschwert und sich zu dem Satz versteigt: „Du hattest ja immer was an unseren Kindern auszusetzen!" Das wiederum bringt mich in Rage, und ich kontere mit „Geizhälse auf Vorschulniveau".

III. Akt: Ich schreibe einen Brief, in dem ich mich für meine Ausdrücke entschuldige und gleichzeitig klar mache, daß wir alle beide eigentlich überhaupt nichts mit der Hochzeitssache zu tun haben.

Daraufhin besucht mich Kerstin und entschuldigt sich auch.

Enkel in der Dichterlesung

Auf Elviras 70. Geburtstag freute ich mich richtig. Keine Klön-, Kuchen-, Kummer-, Krankheitsarie, sondern eine Dichterlesung, genauer gesagt: Dichterinlesung, stand auf der Einladung. Die Autorin, eine Freundin von Elvira, wollte ihre Kindheitserinnerungen aus Pommern vorlesen.

Daß bei meiner Ankunft mehr Kuchen auf dem Teppich als auf dem Tisch lag, nun ja, Elvira hatte drei Enkel unter vier Jahren, von denen sie immer sagte, sie seien lebhaft, während ich dazu tendierte, sie als „Wildwuchs" zu bezeichnen. Ein gemütliches Kaffeetrinken wurde es jedenfalls nicht. Umso hoffnungsvoller scharten wir Geladenen uns um die Pommernfrau, nachdem diese – krümelwischend – auf dem Sofa Platz genommen hatte. Mehrfach machte sie den Versuch, mit der Lesung zu beginnen, aber jedes Mal war das Geschrei der Enkel schneller als sie.

Elvira versuchte vergeblich, hochrot und verschwitzt, alle drei gleichzeitig auf ihren Schoß zu laden, bis sich zwei der anwesenden Damen heroisch (eingedenk der Reinigungsrechnung für das Kleid) je eines Energiebündels erbarmten. Vor Schreck hörten die Knaben den ersten drei Sätzen der Dichterin mit offenen Mündern zu, bis sie ein neues Spiel entdeckten: Sie spuckten und prusteten um die Wette in die Kerzen, die zur Erhellung und Erbauung der Hörgemeinde auf das Seitentischchen gestellt worden waren. Sanft ermahnte Elvira die Kinderchen, von diesem schnöden Tun Abstand zu nehmen, aber sie hörten nicht darauf, sondern erweiterten statt dessen ihre feuchte

Betätigung auf die Gäste. Zaghaft kam die Frage nach den Müttern oder Vätern der Kerlchen auf und warum sie denn gerade heute an diesem Ehrentag die Kinder zum Babysitten zur Großmutter gebracht hätten. „Zum Babysitten?" Elvira war empört. „Heute doch nicht! Claudia und Carola sitzen in der Küche. Sie wollen auch mal in Ruhe Kaffeetrinken."

Ich werd' sie doch nicht fragen

Dreimal waren wir mit unserer Lesegruppe bei Mona angemeldet, und jedes Mal sagte sie kurz vor dem Termin ab, und wir mußten uns bei einer anderen treffen. War die Tatsache an sich schon eine rechtes Ärgernis, so wurde es dadurch noch pikanter, daß der Grund für Monas Absagen jedes Mal Elisa hieß. Elisa ist Monas älteste Tochter. Sie wohnt in Italien und fällt ab und zu mit ihren drei Kindern wie ein unberechenbarer Schnupfen in Monas winzige Wohnung ein – ohne Voranmeldung und ohne Anfrage. Dann bleibt sie so lange, wie es ihr gefällt. Die drei rüpeligen Jugendlichen verwandeln Monas Puppenstube in ein Freizeitcamp, und Elisa macht Urlaub, das heißt sie ist „auf dem Swutsch" (wie man in Hamburg sagt für „Unterwegssein"), so daß Mona – immerhin 70 Jahre alt – eine Art Jugendherberge betreibt – als Köchin, Putzfrau und Herbergsmutter in einem.

Als Mona das erste Mal nach der Abreise der „Italiener" wieder zur Lesegruppe kam, sah sie erschreckend angegriffen aus. Wir führten das auf die Überforderung durch den Dauerbesuch zurück.

Mona entschuldigte sich bei uns wegen ihrer dauernden Absagen. „Es liegt daran, daß ich nicht weiß, wann sie wieder wegfahren wollen", sagte sie zerknirscht. „Warum fragst du sie denn nicht?" warfen wir ein. Mona war empört: „Ich werd' sie doch nicht fragen. Das ist unhöflich. Das tut man nicht."

Scheidung des Sohnes

Zu unserer Silberhochzeit vor vielen Jahren hatten wir alle unsere Freunde eingeladen, und die meisten konnten auch kommen. Es war ein Fest voller Freude und Unbeschwertheit, voller heiterer Beiträge und herzerfrischender Überraschungen. Um ein Haar wäre die Stimmung aber ins Trübsinnige umgeschlagen, wenn wir nicht rechtzeitig den Redefluß von Lottchen gebremst hätten. Sie kam schon mit leichenbitterer Miene, was weder zu ihr noch zu dem Anlaß und schon gar nicht zum Wetter paßte. Wegen der vielen Gäste konnten wir uns nicht um Lottchens Stimmung kümmern und wurden deshalb von ihrer Silberhochzeitsrede überrumpelt. Sie wolle von ihrem Ursprungskonzept abweichen, sagte sie wie bei einer Trauerfeier, denn es sei etwas vorgefallen, das so schwerwiegend wäre, daß sie nicht die nötige Leichtigkeit aufbringen könnte. In die Atempause hinein rief unser frecher Freund Ulf: „Dann laß es lieber ganz sein!" Aber Lottchen ließ sich nicht ablenken. Nach nur wenigen Sätzen, die sich auf uns und unsere Ehe bezogen, kam sie zu ihrem Thema des Tages: „. . . und wir können das Ereignis eines fünfundzwanzigjährigen Zusammenhalts erst richtig schätzen, wenn wir erleben, wie sich überall um uns herum die Scheidungen häufen. Gerade gestern teilte uns unser Sohn Joachim mit, daß er sich von Fanny scheiden lassen will, um Silke zu heiraten. Man muß sich das einmal vorstellen! Vor elf Jahren die aufwendige Hochzeit . . . die beiden Kinder . . . nun allein mit der Mutter . . ." Ich überlegte krampfhaft, wie ich sie taktvoll unterbrechen könnte. Da kam uns allen ein Weinkrampf ihrerseits zu Hilfe, der die peinliche Situation beendete und Lottchen für eine Weile auf das Bett im Gästezimmer streckte.

Was soll sie denn verkehrt machen?

Meine junge Kollegin Z. erwartete ihr erstes Kind mit Gelassenheit. Sie blieb auch nur genau die acht Wochen Mutterschutz nach der Geburt des Mädchens zu Hause. Dann stand sie wieder dreißig Stunden wöchentlich vor ihrer Klasse. Ich wunderte mich über ihre Streßfreiheit, weil ich selbst damals nach Susannes Geburt mit vollem Dienst und der problematischen Kinderfrau manchmal „total am Ende" war. Schließlich erkundigte ich mich danach, wie es ihrem Kindchen ginge. „Alles in Butter", antwortete sie lachend. „Wer betreut die Kleine denn während Ihrer Abwesenheit?" Meine Neugierde war stärker als meine Zurückhaltung. Kollegin Z. schaute mich verblüfft an. „Das war doch von Anfang an klar! Meine Mutter natürlich!" –

„Wieso ‚natürlich'?" insistierte ich. „Also, hören Sie mal", jetzt war Kollegin Z. mehr als erstaunt,

„wer denn sonst?" – „Meine Kinder wurden morgens von einer Kinderfrau betreut, bis sie mit drei Jahren in den Kindergarten konnten", erwiderte ich. „Ach, hatte Ihre Mutter keine Zeit?" fragte Frau Z. mitfühlend. „Erstens wohnte meine Mutter in einer anderen Stadt, und zweitens hätte ich es gar nicht so gut gefunden, wenn die Kinder von ihr regelmäßig betreut worden wären", bekannte ich. „Aber wieso denn nicht?" Kollegin Z. war ratlos. Ich holte zu einem kleinen Exkurs aus: „Weil meine beziehungsweise unsere Erziehungsideale nicht unbedingt mit denen meiner Mutter identisch sind. Mit der Kinderfrau kann das abgesprochen werden, aber mit der eigenen Mutter wird das schwierig. Als Besuchs-Oma ist sie wertvoll und wunderbar! Aber täglich und auf Dauer? Wer weiß, was da alles verkehrt liefe!" Verständnislos sah mich die Kollegin an: „Meine Mutter hat mich doch auch erzogen. Was soll sie denn verkehrt machen?"

Kommentar

Wir möchten die Beziehungen von Menschen möglichst „normal " haben. Eine seelische, soziale und geistige Ablösung vom Elterhaus gehört dazu. Aus der Abhängigkeit soll in zunehmendem Maße Eigenständigkeit werden. Am liebsten haben wir es, wenn nach der „alten" Familie zu gegebener Zeit eine „neue" gegründet wird, und das, was unsere Eltern für uns getan haben, tun wir dann für unsere Kinder und diese für ihre. Die Bindung ist mehr in die Zukunft gerichtet und weniger rückwärts.

Aber was ist „normal" in der heutigen Zeit? Angesichts der vielen Lebenskonzepte und Beziehungsformen ist es schwierig, von „normal" zu reden.

Die Zahl der vollständigen Familien schrumpft, die der Alleinerziehenden nimmt zu. Viele Paare haben gar keinen Nachwuchs. Selten hält eine Ehe ein Leben lang. Viele Kinder haben dadurch de facto mehrere Mütter und Väter. Vielleicht sollte das Kriterium nicht die gewohnte Normalität sein, sondern das Wohlbefinden der beteiligten Personen?

Auf jeden Fall sollten wir – statt zu nörgeln – Vertrauen in unsere Nachkommen haben. Sie werden es schon packen, wenn auch vermutlich auf andere Art als wir. „Die Generation der heute 20- bis Anfang 30jährigen erprobt in so unterschiedlichen Bereichen wie Tierschutz und Mutterschaft, Karriere und Politik eine neue Moral. Und dort, wo die

Traditionalisten die Zeit zurückdrehen möchten, treffen die Kinder der Freiheit vielleicht eine ganz andere Wahl: anhand von ausgeübter Freiheit zu einem neuen Verständnis von Selbstbestimmung und wechselseitiger Abhängigkeit zu gelangen, das in traditionellen Ordnungen niemals zu erreichen ist." (Helen Wilkinson in „Kinder der Freiheit")

Herbert und Birgit aus den Geschichten, zwei ältere Erwachsene, sind offensichtlich noch nicht von den Eltern „abgenabelt". Die Wünsche und Forderungen der Mutter werden erfüllt wie in Kinderzeiten – auch wenn sie massiv in das eigene Leben eingreifen. Der Unterschied zwischen den beiden ist nur, daß Birgit anfängt, unter dem Druck zu leiden, während Herbert noch ganz der „kleine folgsame Junge" ist, der an der Macht seiner Mutter keinen Zweifel hegt und sich in ihrer vorgeblichen Fürsorge sonnt.

Birgit hat vielleicht die Chance, das Abkommen mit ihrer Mutter zu lockern, indem sie nur jeden zweiten Tag und allmählich nur am Wochenende bei ihr anruft – und sie vielleicht lieber einmal mehr im Jahr besucht! Professionelle Beratung könnte ihr auch helfen über die Selbstblockierung („Das kann ich ihr doch nicht antun") hinauszukommen.

Herbert scheint so glücklich zu sein nach der Scheidung, daß jeder Eingriff von außen fehlschlagen muß. Nun steht keine Ehefrau mehr im Wege. Das mütterliche Wohlwollen ist ihm sicher. Wie wird es ihm aber gehen, wenn Mutti gestorben ist? Denn seine Mutter hat ihm vermutlich nie zugestanden, was Senta Berger in dem Film „Mammamia" ihrer Tochter sagt: „Es ist höchste Zeit für mich zu erkennen, daß du deine eigenen Fehler machst."

Bei Sandras Verständnis vom Briefgeheimnis scheint es sich um Reste ihres Kleinkindverhaltens zu handeln nach dem Motto: Alles, was meinen Eltern gehört, gehört auch mir (später sowieso)! Aber umgekehrt nicht ! Das zeigt, wie schwer es ist, aus einer langjährigen Rolle herauszufinden.

Solange sie zu Hause lebte, wurde ihr Verhalten vermutlich auf Grund unausgesprochener Abmachungen so toleriert. Nun setzt sie es als Erwachsene einfach fort, ohne zu bemerken, daß sie ihre Eltern – auch mit ihren anderen „Vorschlägen" – in gewisser Hinsicht entmündigt, d. h. zu Kindern macht und dadurch die Rollen vertauscht hat.

Auch meine Mutter hatte ihre neue Rolle noch nicht begriffen, als sie uns ihre Freunde aufdrängen wollte. Wir waren in ihrer Vorstellung noch der jüngere Teil der gleichen Familie. Daß wir einen eigenen Freundeskreis aufgebaut hatten mit eigenen Schwerpunkten und besonderen Kriterien der Zugehörigkeit, wollte ihr nicht in den Sinn. Außerdem war sie stolz auf unsere Wohnung und wollte diese Errungenschaft allen ihren Leuten zeigen, ohne zu registrieren, daß diese Besuche für uns – berufstätige junge Eltern – eher eine Zumutung waren.

In beiden Fällen handelt es sich um Übergriffe, die bei gutem Verhältnis zueinander abgebaut werden können.

Helm Stierlin spricht in diesem Zusammenhang am Ende seines Buches vom Generationenkonflikt als „liebevollem Kampf" mit „klar artikulierter Verschiedenheit" der Bedürfnisse und Interessen.

Aber es gehört anfänglich eine Menge Mut dazu, Probleme anzusprechen – von beiden Seiten. Mona hat offensichtlich Angst, ihre Tochter und die Enkel in die Schranken zu weisen, Angst vor der Konfrontation. Der Höflichkeitsgrund ist nur eine Ausrede. Und Elvira nimmt lieber die Belästigung ihrer besten Freundinnen durch die Enkel in Kauf, bevor sie ihren Töchtern mal die Meinung sagt. Beide Frauen haben keine Ehemänner mehr. Elvira ist geschieden und Mona Witwe. Vielleicht sind sie deshalb so willfährig den Anliegen ihrer Kinder gegenüber und trauen sich nicht, eigene Bedürfnisse in den Vordergrund zu stellen, weil sie meinen, dadurch die Zuneigung der Kinder zu verlieren?! In jedem Falle sind sie aber die Abhängigen, nicht ihre Kinder. Sie haben Angst vor einer möglichen Störung der „harmonischen" Beziehung, weil sie fürchten, dadurch ihre Kinder ganz zu verlieren. Auch eine zeitweilige Besinnungsphase mit räumlichem Abstand würde ihnen wohl großes Unbehagen bereiten, weil sie ihr eigenes Leben immer noch sehr mit dem der Kinder verknüpft sehen.

So verhält es sich auch mit den alten Damen und ihrem Ersatzleben, das sich über jüngere Verwandte definiert. Sie haben eine Eigenständigkeit im Sinne einer Selbstwertschätzung gar nicht vollzogen. Von vornherein gehen sie davon aus, daß das Leben der Jüngeren das attraktivere und wichtigere ist. Wenn ich sie direkt frage: „Und wie geht es dir selbst?" zucken sie mit den Schultern und antworten resigniert: „Na, du weißt schon, in meinem Alter . . .!" Nichts weiß ich, außer daß sie ihr eigenes Leben gering schätzen, nur weil sie alt sind und sich nichts mehr zutrauen. Schade.

Ist das nun beneidenswert, wie Kollegin Z. zu ihrer Mutter steht? Oder fehlt da etwas? Ist das nicht der Inbegriff von Kontinuität und Harmonie? Aber gibt es das überhaupt? Mir wäre die Geschichte nicht im Sinn geblieben, wenn sie mich nicht damals schon beschäftigt hätte. Mir fehlt, glaube ich, bei der Kollegin eine bewußte Auseinandersetzung mit der eigenen Erziehung. Aber vielleicht ist das auch einer der seltenen Fälle von unverkrampfter Übereinstimmung zwischen Mutter und Tochter, über die wir staunen und uns freuen sollten. Jean Liedloff ist jedenfalls dieser Meinung, wenn sie schreibt: „Ein sicheres Anzeichen eines ernsten Mangels in einer Gesellschaft ist eine Kluft zwischen den Generationen. Wenn eine jüngere Generation nicht ihren Stolz daransetzt, wie die ältere zu werden, hat die Gesellschaft ihr eigenes Kontinuum, ihr eigene Stabilität, eingebüßt . . ."

Seit ich in Kamerun war und dort erlebt habe, wie die Alten alles und die Jungen gar nichts zu sagen und zu bewirken haben, zweifele ich diese These etwas an. Die Alten sind achtzigjährig und älter, die „Jungen" schon an die sechzig, und immer noch müssen sie ausführen, was die Greise unter der Herrschaft des Chiefs bestimmen.

Keine Phase verläuft ohne Anstrengung von beiden Seiten, aber der Lohn kann ein ausgeglichenes Verhältnis zwischen Eigenständigkeit und Abhängigkeit sein: Beide – Eltern wie Kinder – begegnen sich mit Respekt und Anerkennung, schätzen die Eigenverantwortlichkeit, stehen aber bei größeren Schwierigkeiten helfend zur Verfügung.

3. Zwischen Ende und Anfang

Die drei großen „Sch"

Gerhard und Herta haben vier Kinder und zwölf Enkelkinder, die fast alle in der Nähe wohnen. Außerdem lebt Hertas alte Mutter noch mit im Haus. Die Familienfeste sind in ihren Ausmaßen wie mittelalterliche Sippentreffen. Herta fühlt sich reich beschenkt. Sie kocht und näht und betreut und berät. Gerhard dagegen wird der ganze „Rummel" oft zu viel. Er ist auch meistens überhaupt nicht damit einverstanden, wie seine Enkel erzogen werden. Dann fängt er fruchtlose Diskussionen mit den Söhnen und Schwiegertöchtern an, mischt sich ein, nörgelt herum und vergrätzt alle. Außerdem findet er die „ewigen Geburtstagsgeschenke" lästig und übertrieben. Deshalb wendet sich die Nachkommenschaft am liebsten an Herta, was wiederum Gerhard eifersüchtig macht und seine Verbitterung noch steigert. Durch lange einsame Spaziergänge versucht er, sich selbst zur Ruhe zu bringen, isoliert sich dadurch aber noch mehr und fühlt sich zunehmend wie ein Fremder im eigenen Heim.

Neulich haben wir die beiden besucht. Ausnahmsweise war einmal kein Nachwuchs in der Nähe, und auch die alte Mutter hielt sich in ihren eigenen Räumen auf. Aber unsichtbar waren alle anwesend durch Hertas lebhafte Erzählungen, die sie ausgiebig mit Fotos untermalte. Glücklich und rund strahlte sie wie eine Werbe-Oma, und Gerhard saß daneben wie eine Zeitbombe. Wir wechselten, so schnell es ging, das Thema – fort von Kindern und Enkeln hin zur Politik –, so daß Gerhard zum Zuge kam und sich entspannte. Als er uns nach einem anregenden Abend zur Tür brachte, nahm ich ihn in den Arm und wünschte ihm noch viele gute Jahre im Kreise der großen Familie. Aber er schüttelte den Kopf und sagte: „Für mich bleiben nur die drei großen ‚Sch': Schlucken – Schweigen – Schenken."

So mußt du das machen, Momi!

All die Jahre, als ihr Sohn Götz noch bei ihr wohnte, hatte Margret „gepredigt": Tritt deine Schuhe ordentlich an der Wohnungstür ab! Bring deine schmutzige Wäsche gleich in den Behälter bei der Waschmaschine! Räum dein Zimmer wenigstens einmal in der Woche auf, damit richtig sauber gemacht werden kann! usw. – mit relativ geringem Erfolg. Jetzt lud er seine „Momi" mit anderen Freunden zusammen zum ersten Mal in seine eigene kleine Wohnung ein, das heißt, sie durfte kommen, ohne helfen zu müssen wie beim Umzug. Und sie erlebte eine Überraschung nach der anderen:

An der Tür mußten alle Gäste gleich die Schuhe ausziehen. In der Küche erklärte Götz ausgiebig, wie man Müll trennt und welche Behälter dafür vorgesehen sind. Im Wohnzimmer wies er auf die offenen Regale. Die wolle er demnächst gegen geschlossene Schränke eintauschen, weil „Regale ja Staubfänger sind". Das Hauptgesprächsthema des Abends kam auch vom neuen Wohnungsinhaber. Er erklärte den Anwesenden einschließlich seiner Mutter, wie teuer der Lebenunterhalt ist, welche ungeheuren Summen er zum Beispiel für Klorollen blechen müßte. Als die Gäste danach etwas beklommen zum kalten Buffet in der Küche schritten, entdeckte Götz den Abwaschlappen in der Spüle. Er nahm ihn heraus, spülte ihn gründlich ab, wrang ihn aus, legte ihn gefaltet neben das Becken und sagte dann triumphierend zu seiner Mutter, die zufällig neben ihm stand: „So mußt du das machen, Momi!" Margret hatte die Wahl zwischen Empörung und Belustigung. Sie entschied sich für letzteres. Götz hatte offensichtlich das Erinnerungvermögen abgestellt und uralte Regeln aus dem mütterlichen Haushalt „neu" für sich erfunden. Das Schärfste kam aber, als eine Gruppe von jungen Gästen ein Gemeinschaftsgeschenk für Götz überreichte: Einen dicken grauen Fußabtreter mit eingewebtem „Stopp" in Rot. Margret erwartete einen mittleren Wutausbruch ihres musikbegeisterten Jungen, der sich früher zu solchen Gelegenheiten immer die neueste CD gewünscht hatte.

Statt dessen strahlte Götz, hielt die Matte hoch über den Kopf und verkündete: „Genau so eine habe ich mir gewünscht!"

Das Bild hätte ich längst abgehängt

Nach dem Auszug aus dem Elternhaus sehen die Kinder die Einrichtung plötzlich mit anderen Augen.

Susanne entdeckt erstaunlicherweise jede kleine Veränderung im Haus, wenn sie höchstens einmal im Jahr aus den USA zu Besuch kommt. Gemeinsam mit Sina, die uns und das Haus natürlich häufiger sieht, geht sie durch die Räume und über das Außengelände und stellt Mängel fest. Dann äußern beide Mädchen ihre zumeist sinnvollen Veränderungsvorschläge. Sie decken „blinde Flecken" bei uns auf, was nicht immer auf Begeisterung bei uns stößt. Daniel reagiert äußerst empfindlich, wenn es um „seine" Bäume geht, und ich habe es nicht so gern, wenn die Mädchen an „meinen" Bildern oder Dekorationsgegenständen herummäkeln.

Seit vielen Jahren hingen Linoldrucke von Fenstern, die Schüler einer neunten Klasse erstellt hatten, als Sammelbild auf Leinwand an einer sehr passenden Stelle am Treppenabgang. Die Tafel war unter recht komischen Umständen in unseren Besitz gelangt, und wir hatten uns angewöhnt, jedem Gast diese Geschichte aufzunötigen. Dabei hatten wir überhaupt nicht bemerkt, wie grau und schmuddelig das „Kunstwerk" schon geworden war. Bis Sina eines Tages bemerkte: „Das olle Bild hätte ich längst abgehängt!" Es war wie ein Schock für mich. Etwas sehr Vertrautes und nahezu Geliebtes sollte beiseite geschafft werden?! Wohin denn? Wem könnten wir es geben?

Weder Sina noch andere junge Leute wollten den „alten Kram". Von einer Minute zur anderen war das Bild plötzlich nichts mehr wert. Daniel gab zwar zu bedenken, daß wir schließlich nicht zu machen brauchten, was unsere Tochter für richtig hielt, aber ich konnte das Ding nicht mehr mit den gleichen Augen ansehen. Nach einigen Tagen voller innerer Zweifel und Zerrissenheit hängte ich die große Tafel ab – ein heller Fleck blieb auf dem Holz zurück – und brachte sie in den Schuppen. Als Daniel sie bei späterer Gelegenheit mit anderen Sachen verbrannte, machte es mir schon nichts mehr aus.

Dafür bist du schon zu alt

Marianne hatte nach dem Tod der Mutter ihren Vater bei sich im Haus aufgenommen, einen pensionierten Postbeamten. Die Umstände waren geradezu ideal: Er bewohnte eine eigene kleine Einliegerwohnung. Marianne machte ihm die Wäsche und kochte für ihn mit. Dafür half der Vater im Garten und assistierte Mariannes Mann, seinem Schwiegersohn, bei Reparaturarbeiten. Manchmal erledigte er mit seinem alten Fiat die Einkäufe für die ganze Familie. Niemals drängte er sich auf. Er kam nur zu den „Kindern", wenn sie ihn einluden. Einmal in der Woche traf er sich zum Kegeln mit ehemaligen Kollegen. Oft ging er im Botanischen Museum seinem Hobby nach: Er fotografierte mit Ausdauer und Können alle möglichen Arten von Orchideen. So hätte es unentwegt weitergehen können, wenn der Vater nicht eines eisigen Wintertages gestürzt wäre und sich einen Oberschenkelhalsbruch zugezogen hätte. Obwohl er im Krankenhaus gut betreut wurde und der Bruch auch ohne Komplikationen in angemessener Zeit heilte, war Marianne außer sich vor Sorge. Sie besuchte ihn täglich, was er gar nicht von ihr erwartete. Als er wieder zu Hause war, überschüttete sie ihn mit Fürsorge und mit Ratschlägen, ließ ihn kaum aus den Augen und behandelte ihn nicht wie einen Rekonvaleszenten, sondern wie einen chronisch kranken Alten. Einkäufe mit dem Auto? Um Himmelswillen! Dafür ist er schon zu alt! Kegeln? Wenn er wieder hinfällt!? Allein zu den Orchideen? „Da gehe ich lieber mit." Nichts durfte der Vater mehr machen, ohne daß Marianne ihr Gezeter anfing: „Dafür bist du schon zu alt." Es muß der Schock ihres Lebens gewesen sein, als der Vater eines Tages Besuch von einer Frau in mittleren Jahren bekam (er hatte sie während der Reha-Kur kennen gelernt) und den Anwesenden mitteilte, daß er mit dieser Frau nicht nur demnächst verreisen werde, sondern auch mit ihr zusammenziehen wolle. Der Satz: „Dafür bist du schon zu alt", blieb Marianne glücklicherweise im Halse stecken.

Bis daß der Tod das Konto löscht

Wolfgang hat gerade wieder außer der Reihe zweitausend Mark an seinen Sohn Christian überwiesen. Der hat jetzt mit einundvierzig Jahren nach ausgiebigen in- und ausländischen Studien endlich eine Stelle als Restaurator erhalten – verdammt anstrengend, der Job. Mit dem Gehalt kann man gar nicht auskommen! Wie soll er auch? Mit so einer Wohnung in der Mitte der Hauptstadt! Da kostet ja die Miete schon so viel, wie Christian netto erhält. –

Wäre Umziehen in eine preiswertere Gegend vielleicht denkbar? Aber nicht doch! Das käme ja einem Abstieg gleich! Ist er doch gar nicht gewöhnt, der Junge, braucht auch das gewisse Flair in seinen Stammkneipen. Außerdem – warum soll es ihm schlechter gehen als seinem Bruder Manfred? Der erhält ja auch von Papa Monat für Monat die Überweisungen. Dabei hat der mit seinen 38 Jahren noch nicht mal einen Studienabschluß vorzuweisen und hält trotzdem an seinem geliebten Porsche fest. Schlechtes Gewissen? Weshalb? Wie antiquiert sind wir eigentlich? Papa hat's doch! Braucht auch nicht mehr so viel in seinem Alter. Ist schon immer ziemlich bedürfnislos gewesen. Und ob wir die Kohle jetzt kriegen oder später erben, ist doch egal.

Die Radikal(ab)lösung

Heike ist nicht gerade das, was man herzerwärmend nennen könnte. Sie ist eher spröde und eckig im Umgang mit den Leuten. Als ich erfuhr, daß sie schon seit langem geschieden ist, ging mir unschwesterlich durch den Sinn, daß ich auch nicht gern mit ihr verheiratet wäre. Aber seit ich die Geschichte mit ihrem Sohn weiß, habe ich mehr Verständnis für ihre kantige Art. Der Sohn Malte war eine braver Schüler, ein aufmerksamer stiller Hausgenosse, eine Stütze im Alltag. Auch als er seine Lehre abgeschlossen hatte, wohnte er noch bei Muttern. Die beiden redeten zwar nicht viel miteinander, aber selbst in ihrem Schweigen steckte eine gewisse harmonische Übereinkunft. Bis zu dem Tag, als Irma, eine pfiffige Backwarenverkäuferin, in Maltes Gedanken und Wünschen eine wichtige Rolle zu spielen begann. Er warb um sie auf seine zaghaft zähe Weise und hatte nach einigen Hindernissen schließlich Erfolg bei ihr. Heike zögerte nicht, Irma mit offenen Armen zu empfangen und nach Hause einzuladen. Was nun bei dieser ersten Begegnung geschehen ist, weiß ich nicht. Heike behauptet, es wäre alles total normal verlaufen. Malte sprach jedenfalls von da ab noch weniger mit seiner Mutter als sonst und zog kurz danach überstürzt aus. Er hinterließ einen Brief (natürlich auf dem Küchentisch!), in dem er jeglichen Kontakt zu seiner Mutter abbrach und ihr auch untersagte, Nachforschungen über seinen neuen Wohnsitz anzustellen. Keine Begründung! Heike war „mit den Nerven runter". „Aber das Allerschlimmste ist", sagte sie zu mir, „daß er hier mit Irma ganz in der Nähe wohnt. Ich sehe ihn manchmal auf dem Markt, und dann tut er immer so, als würde er mich nicht kennen." Heike erscheint das Verhalten ihres Sohnes genauso unverständlich wie mir.

Wer sonst könnte das wagen?

So ohne die Kinder im Haus und ihren an- und aufregenden Anhang werden wir beide, Daniel und ich, manchmal schon richtig alte Leute. Wir haben unsere merkwürdigen Gewohnheiten und laufen oft „schlunzig" herum, wenn wir keinen Besuch erwarten und auch nicht nach draußen müssen.

Ich führe zum Beispiel mit Vorliebe Selbstgespräche bei fast allen Tätigkeiten. Daniel hat sich daran gewöhnt. Sina nicht. Als ich mit ihr verreist war, sagte sie eines Tages: „Das stört mich sehr, Mama, daß du immer vor dich hin brabbelst. Da weiß ich nie, ob du mit mir redest oder nicht." Natürlich habe ich mich während der Reise tüchtig zusammengerissen. Hier zu Hause mache ich es weiter.

Neulich war Sina mal wieder zum Frühstück bei uns – zu unserer großen Freude. Wir aßen und sprachen und redeten und kauten munter drauf los, bis Sina sagte: „Könnt ihr euch, bitte, vorher überlegen, wann ihr essen und wann ihr reden wollt. Beides gleichzeitig ist nicht gut. Und laßt das ja nicht eure Enkelin merken! Wir versuchen ihr das gerade abzugewöhnen." Betreten – wegen des unvermuteten Rollentausches – wagten wir vorerst weder zu murmeln noch zu mümmeln, aber Sinas fröhliche Unbefangenheit half uns über die Verlegenheit hinweg. Wir bemühten uns, anständig zu speisen und waren letztendlich dankbar für die Kritik, denn wer sonst könnte sie wagen, wenn nicht das eigene mutige Kind!?

Nun können wir sie besuchen

Daniel tat immer so, als machte ihm der Auszug der Töchter eigentlich nichts aus, aber ab und zu bekam er bei dem Thema feuchte Augen: Nach einem Anruf von Susanne aus Amerika, nach einem frech-frischen Brief von Sina aus dem Landkreis, wenn im Radio kleine Kinder von ihren Großeltern schwärmten oder wenn im Fernsehen ein Film gezeigt wurde mit der Abschiedsthematik. Ich registrierte das mit einem Gemisch aus Mitleid und Erstaunen, wagte aber nicht, ihn darauf anzusprechen, denn auch er – wie viele Männer – neigte dazu, eigene Gefühle „wegzuwinken".

Dann ergab es sich, daß unser Hausarzt ganz offen von seiner Wehmut über den Wegzug seiner Tochter an einen fernen Studienort sprach und daß es ihm viel näher ginge als bei dem Sohn. Ich erinnerte mich an ähnliche Äußerungen anderer Männer unter unseren Freunden und an die bekannterweise besondere Verbindung zwischen Vätern und Töchtern und traute mich endlich zu fragen:

„Wie ist es dir denn ergangen beim Auszug von Sina?" Nach einem längeren Nachdenken antwortete er: „Das Schönste ist, daß wir sie jetzt besuchen können."

Die Ernte: Der Merkblock in der Küche

Als ich den Merkblock in Sinas Küche entdeckte, war ich auf eine Weise glücklich, die mir für den Gegenstand reichlich übertrieben zu sein schien. Sie hatte bei uns zu Hause so oft gemosert, wenn ich immer wieder dringend darum bat, „ausgegangene" Lebens- oder Haushaltsmittel auf den Block zu schreiben. Pingelig fand sie das und übertrieben. Und nun hängt da einer bei ihr, und sie ermahnt ihre Leute genauso eisern, den Einkaufszettel ernst zu nehmen. Im Bad geht es weiter: drei Behälter für die unterschiedlichen Arten von Wäsche: Wolle, Kochwäsche, Feinwäsche.

Dann hörte ich, wie sie zu ihrer Tochter sagte: „Hast du schon deinen Ranzen aufgeräumt?" und mein Herz machte einen Sprung. Offensichtlich waren einige unserer Erziehungswerte im nachhinein auf Zustimmung gestoßen und wurden so weiterpraktiziert. Zum Geburtstag des Kindes wird auch – wie früher bei uns – gemeinsam geplant: Welche Spiele? Welche Aktivitäten? Was soll es zu essen und zu trinken geben? Und natürlich werden selbstgemalte Einladungen an die kleinen Gäste verschickt.

Selbstverständlich füttert das Mädchen die Hühner und Kaninchen und holt täglich Milch vom Bauern gegenüber. „Machst du das gern!" fragte ich. „Och, eigentlich nicht, aber das ist ja meine Aufgabe hier bei uns!"

Kleinigkeiten! Kleinigkeiten? Ich saß im Sessel wie eine Oma aus dem Bilderbuch und fühlte mich sehr erleichtert. An die letzten Gespräche vor ihrem Tod mit meiner 93jährigen Mutter erinnerte ich mich, und wie sie halb fragend, halb konstatierend sagte: „Aus meinen dreien ist doch was Ordentliches geworden, oder!?"

Kommentar

„Alles Neue ist Verrat am Alten. Damit etwas kommt, muß etwas gehen." (Heiner Müller)

Selbst wenn man diese These für zu provokant hält, muß man zugeben, daß Neues oft nur dort entstehen kann, wo Altes fortgeht oder fortgedrängt wird. Für beides nebeneinander scheint es nicht immer genug Platz zu geben.

So befinden wir uns in dieser letzten Phase der Ablösung von unseren Kindern zwischen dem Ende der alten Beziehung und am Anfang einer neuen. Das kann ganz unspektakulär verlaufen oder ganz dramatisch – je nachdem wie wir es vorbereitet haben. Zu solchen Radikal-Trennungen wie bei Heike kommt es glücklicherweise selten, obwohl auch das bei hoffnungsloser Zerstrittenheit eine (Ab)Lösung sein kann. Besonders schlimm ist Heikes Situation aber deshalb, weil sie nicht weiß, warum der Sohn sie nicht mehr kennen will. Sie hat auch offensichtlich nicht den Mut, von ihm wenigstens mit aller Entschiedenheit den Grund zu verlangen.

Leider sind viele Postadoleszente zwar erwachsen in geistiger und sozialer Hinsicht, aber ökonomisch sind sie immer noch von ihren Eltern abhängig. 42 % der Zwanzig- bis Dreißigjährigen erhalten regelmäßige Unterhaltszahlungen, davon die eine Hälfte, weil sie noch studiert oder keine Anstellung findet, die andere Hälfte trotz des eigenen Einkommens, weil die Eltern sie beim Aufbau ihres Haushalts unterstützen.

Es muß nicht immer in die grenzenlose Verwöhnung und Anspruchshaltung ausarten wie bei Wolfgang und seinen Söhnen Christian und Manfred. Oft geht es gar nicht anders. Wir waren zunächst geschockt, als Sina nach dem erfolgreichen Studienabschluß ein dreiviertel Jahr ohne Anstellung blieb, dann aber froh, daß wir in der Lage waren, sie finanziell zu unterstützen. Kleine Kinder – kleine Sorgen. Große Kinder – große Sorgen! Sorgen, die sich nicht weglächeln lassen, die an die Substanz gehen! Denn es geht dabei ja nicht nur um das Geld. Es geht um die Zukunft des Kindes, und das Fundament einer gesicherten Zukunft ist Arbeit. Nachdem sie endlich eine befristete Stelle bekommen hat, verdient sie – wie viele junge Akademiker – so wenig, daß wir weiterhin mit unserem Angebot in Wartehaltung verbleiben. Eva Zeltner spricht es deutlich aus: „Einer der größten und folgenschwersten Widersprüche unserer Zeit ist diese Diskrepanz: Eine Gesellschaft, der angeblich Jugend alles bedeutet, sperrt gleichzeitig das kreative junge Potential aus vom Arbeitsmarkt und jenen Institutionen, in denen die Jugend sich selbst entfalten . . . könnte."

Die meisten Familien gehen mit dem Kapitel Geld jedoch ziemlich souverän um, weil ihnen die emotionale Beziehung wichtiger ist. Sie möchten am Leben der anderen Generation weiterhin teilnehmen, pflegen regelmäßigen Kontakt, besuchen sich gern und oft – je nach räumlicher Entfernung – und machen ein Fest aus der Begegnung.

Christiane Papastefanou hat vier Funktionen erkannt, in denen die Bedeutung der Eltern für die Kinder nach dem Auszug zum Tragen kommt:

- Beraterfunktion (Weitergeben von Lebenserfahrung) „Sag mal, Papa, wie habt ihr das eigentlich damals gemacht mit dem Autokauf?"
- Rückhaltefunktion (in materieller, aber auch emotionaler Hinsicht, Ansprechpartner bei Problemen) „Michi hat mir die schlechte Zensur in der Englischarbeit einfach nicht gezeigt. Erst als die Lehrerin anrief, erfuhr ich es. Ich bin völlig fertig. Wie bist du damals eigentlich mit mir umgegangen, Mama, als ich in dem Alter war?"
- Modellfunktion (Vorbild sein) „Ihr habt nie unnötige Schulden gemacht. Das fand ich immer toll, und daran halten wir uns auch."
- Erziehungsfunktion (noch stützen, helfen)

Letzteres deutet allerdings auf eine noch nicht gelungene Ablösung hin, denn die Erziehungsfunktion sollte von den anderen drei Funktionen inzwischen abgelöst worden sein.

Eine meiner Studentinnen mußte das Seminar eher verlassen, weil sie seit Tagen so schreckliche Kopfschmerzen und nun endlich einen Termin beim Neurologen erhalten hatte. Als ich sie eine Woche später nach dem Befund fragte, lächelte sie etwas verlegen: „Da war nichts festzustellen. Ich habe auch keine Medikamente bekommen. Aber mir geht es jetzt viel besser – ich bin einfach am Wochenende zu meinen Eltern nach Süddeutschland gefahren, obwohl ich eigentlich hätte arbeiten müssen. Aber ich habe sie so lange nicht gesehn, und die Kopfschmerzen sind weg."

Eltern als eine Art „Basisstation" (C.Papastefanou). Wunderbar!

Was die Eltern für ihre erwachsenen Kinder sein können, wissen wir nun. Wie ist es aber umgekehrt? Was bedeuten die vollends „Abgenabelten" nun für uns? Wenn wir sehr alt und vielleicht gebrechlich sind, werden sie hoffentlich eine Hilfe und Stütze sein (in dem Sinne, daß sie das richtige Seniorenheim mit uns und für uns finden). Aber noch sind wir mobil und müssen lernen, die zeitweilige Rollenumkehrung (wie beschrieben) eher als eine Chance und nicht nur als unbotmäßige Einmischung zu betrachten.

Als ich einmal mit beiden Kindern (im Grundschulalter) in einer Weihnachtsaufführung war, kam zu Beginn ein Zwerg vor den Vorhang und sagte mit seiner Zwergenstimme: „Guten Abend, liebe Kinder." Und wer antwortete ihm als einzige Person im ganzen Zuschauerraum mit einem lauten „Guten Abend, lieber Zwerg?" Ich! – Die beiden rutschten vor Verlegenheit fast von den Sitzen. Nach der Vorstellung fielen sie mit Vorwürfen über mich her, und Sina sagte den Spruch, der heute noch manchmal seine Wirkung tut: „Mit dir kann man überall nur zweimal hingehen, – das zweite Mal zum Entschuldigen."

In dem Film „Sie und Er" (Regie Frank Beyer, Deutschland 1991) fragt die gerade aus dem Elternhaus ziehende Tochter die Mutter: „Und ihr seid nicht traurig? Fühlt euch nicht verlassen?" Später sinniert die Mutter (natürlich wieder Senta Berger): „Da merkt man das Alter, wenn das letzte Küken weg ist." Und der Vater bringt es auf den Punkt: „Weißt du ein Argument gegen Alter? – Erfahrung!" Als die Tochter dann doch mit ihren Problemen zu oft im Elternhaus auftaucht, bescheidet die Mutter sie: „Spielt nicht nur erwachsen, sondern seid auch erwachsen!"

Abschließende Bemerkungen III

Sie erwarten keinen grundsätzlichen Dank dafür, daß Sie das Kind in die Welt gesetzt und bis dato versorgt haben, aber ein Dankeschön für einzelne Geschenke möchten Sie haben.

Sie „belatschern" Ihre erwachsenen Kinder nicht mit jedem Wehwehchen, aber ernsthafte Erkrankungen oder Kümmernisse halten Sie nicht aus falsch verstandener Rücksichtnahme vor den Kindern verborgen.

Sie bitten die Nachkommen auch mal um Hilfe, erwarten aber keine täglichen Anrufe.

Sie halten sich deutlich zurück bei Ratschlägen, um die Sie nicht gebeten wurden.

Vorwürfe sind Ihnen fremd.

Auch wenn Sie schlucken müssen, nehmen Sie Kritik der Kinder an Ihnen ernst.

Ja, Sie haben manchmal Sehnsucht nach der Zeit, als die Kinder kleiner waren, umso mehr freuen Sie sich über gegenseitige Besuche.

Sie wissen, daß Sie manches falsch gemacht haben bei der Erziehung, aber Sie sind auf dem Wege, sich selbst zu verzeihen.

Nein, Sie stehen nicht mehr ununterbrochen bereit für die erwachsenen Kinder, weil Sie selbst ein ausgefülltes Leben führen, aber bei echter Not sind Sie selbstverständlich zur Stelle.

Wenn diese Beschreibung nicht hundertprozentig auf Sie zutreffen sollte, dürfen Sie dennoch wissen: Auch weniger ideale Zeitgenossen schaffen es immer wieder, ein schönes, herzliches, gutes Verhältnis zu ihren erwachsenen Kindern zu haben – trotzdem.

Schlußkommentar

Ein amerikanischer Vater, ein Bekannter von uns, war von seinem pubertierenden Sohn so genervt, daß er seiner Frau eines Tages verkündete: „Ich kann ihn nicht aushalten. Deshalb kümmere ich mich erst wieder um ihn, wenn er ein vollwertiger Mensch geworden ist." Nur gut für den Bengel, daß seine Mutter nicht auch so gedacht und gehandelt hat. Sonst wäre er jetzt vielleicht kriminell oder drogenabhängig oder rechtsradikal?! Wenn diese drei Eigenschaften auf unseren Nachwuchs nicht zutreffen, was bleibt uns eigentlich zu nörgeln oder zu kritisieren? Sehe ich in Hamburg am Hauptbahnhof die Junkies, dann bleibt mir doch außer verzweifeltem Mitleid nur unendliche Dankbarkeit, daß meine Kinder da nicht stehen. (Ich weiß, daß das eng gedacht ist, denn genau genommen sind sie alle auch unsere Kinder, und wir sind gesamtgesellschaftlich für sie verantwortlich.) Und immer wieder frage ich mich: Wie ist es so weit gekommen? Woran lag es, daß diese Jugendlichen so abgerutscht sind? Wie mag es den Eltern dieser jungen Menschen gehen? Fühlen sie sich verantwortlich? Haben sie den Kampf aufgegeben oder gar nicht erst aufgenommen? Oder waren da gar keine richtigen Eltern, nur gleichgültige oder gewalttätige?

Es gibt keinen Zweifel daran, daß die Eltern eine gewisse Schuld trifft. „Zuerst ist das falsche Verhalten der Eltern da, dann entsteht daraus die problematische Entwicklung des Kindes." (Ringel) Wir wissen auch, daß alle Eltern Verantwortung tragen, denn ihr frühes Vorbild beeinflußt unser zukünftiges Verhalten, im Guten wie im Schlechten.

Das mag zwar für manchen Menschen mit einer schwierigen Kindheit schmerzhaft sein, eine lebenslange Entschuldigung für eigenes Versagen ist es m.E. aber nicht.

Ganz gleich wie unsere Kinder sich entwickelt haben, die Zeit nach der Ablösung ist auch eine Zeit der Rückbesinnung für uns. Mich überfällt es manchmal wie ein Wespenschwarm: Hätte ich doch mehr Zeit für sie gehabt!

Wieviele Chancen mit ihnen zusammen habe ich verpaßt?

Bin ich eigentlich meinem Grundsatz treu geblieben, nicht die Fehler meiner Mutter zu wiederholen? Ringel dichtet:

„Habt Ihr denn früher nie geschworen
(zu einem Zeitpunkt, da die Schwelle kam in Sicht):
Das mache ich mal nicht mit meinen Kindern
wie DIE zu mir sind, so bin ich mal nicht?"

Hellinger hält dagegen nichts von zwanghafter Abgrenzung von den Eltern. Aus einem Interview mit ihm: „Eine Frau in den Vierzigern berichtete, sie habe viele Jahre ihres Lebens versucht, sich von der Mutter abzugrenzen und auf gar keinen Fall so zu werden wie sie. Jetzt habe sie schockiert feststellen müssen, daß sie genauso geworden ist. Nachdem sie das endlich erkannt hatte, konnte sie sich der Mutter nähern. Wer seine Eltern so nimmt, wie sie sind, wird gerade das Problematische der Eltern nicht übernehmen, aber umso mehr das Gute."

Außerdem kommt Trost von Jan-Uwe Rogge: „Wer ohne Fehler erziehen will, macht welche, weil er alle Kraft in die Vermeidung von Fehlern legt." Und weiter: „Der Zwang, Niederlagen zu vermeiden, alles richtig, bloß keine Fehler zu machen, führt zu Kälte in den Beziehungen. Erziehung hat aber mit Reibung zu tun, mit Konflikt *und* Harmonie, mit Nähe *und* Auseinandersetzung. Wo Reibung ist, da ist Wärme . . ."

Sollte uns unser schlechtes Gewissen aber trotzdem übermäßig quälen, dann sollten wir zwar anerkennen, was ist, aber gleichzeitig bedenken, daß es nie zu spät zur Annäherung zwischen den Generationen und immer ein Anfang möglich ist.

Ich habe die inzwischen dreißigjährige Sina gebeten, zu dem Thema dieses Buches etwas zu schreiben. Hier sind Auszüge daraus:

„Wenn Kinder das Elternhaus verlassen . . .

das könnte ohne weiteres die Überschrift eines Krimis sein, dabei habe ich es eher als natürliche Abfolge empfunden. Mit voll berufstätigen Eltern standen wir Töchter nie unter einem kontinuierlichen Aufmerksamkeitsdruck. Unser Leben haben wir überwiegend selber gestalten dürfen, natürlich ggf. mit Unterstützung bzw. Korrektur durch die Eltern – meistens unserer Mutter. Für mich hat dementsprechend die räumliche Trennung nicht so sehr den Ausschlag gegeben. Vielmehr hatte die Pubertät zu dem notwendigen Abstand geführt. Erst nach diesem schmerzhaften Prozeß (der zweiten Geburt) hatte ich verstanden, daß mein Elternhaus immer ein fester Bestandteil meines Lebens bleiben würde, ohne daß es mein eigenes Zuhause

– das ich mir selber gestalten würde – ersetzen kann.

Meine Eltern freuten sich ohne Hemmungen auf den Auszug der Jüngsten. Die neue Zweisamkeit stellt für sie die Chance dar, ihrer Beziehung neue Impulse zu verleihen. Wochen vor meinem Auszug hatte ich schon das Gefühl, bereits nicht mehr wahrgenommen zu werden. Das war keine Bösartigkeit, es war einfach logisch: Ich war eigentlich schon weg. Daher war der räumliche Auszug auch eine Erleichterung für mich. Trotzdem waren wir alle natürlich auch traurig, als es dann tatsächlich daran ging, das selbst ausgestaltete Jugendzimmer zu räumen . . . Die eigene Wohnungs-Zweier-WG war natürlich etwas ganz Neues. Aber ich habe es mehr genossen als bedauert, nicht mehr mit meinen Eltern zu wohnen . . . Der Besucherstatus zu Hause gefiel mir sofort. Ich wurde entsprechend bevorzugt behandelt und mußte nicht mehr helfen. Gerade diese Freiwilligkeit animierte mich aber, es doch zu tun.

Mittlerweile betrachte ich die Veränderungen im Elternhaus (Anpassungsprozeß an geänderte Bedürfnisse) gern. Auf einige voller Erinnerungen steckende Details würde ich zwar ungern verzichten, doch ich weiß, es ist nicht mein Haus, und meine Eltern können es gestalten, wie sie möchten. Ich bin gern bei meinen Eltern. Es ist einfach schön, daß ich dort aufgewachsen bin.

Abschließend denke ich, daß der Auszug in den Köpfen der Eltern und ihrer Kinder beginnt. Wenn er dort erfolgreich vollzogen wurde, stellt der eigentliche Auszug keinen gravierenden Einschnitt mehr dar."

Ziehende Landschaft

Man muß weggehen können
und doch sein wie ein Baum:
als bliebe die Wurzel im Boden,
als zöge die Landschaft und wir ständen fest.
Man muß den Atem anhalten,
bis der Wind nachläßt
und die fremde Luft um uns zu kreisen beginnt,
bis das Spiel von Licht und Schatten,
von Grün und Blau,
die alten Muster zeigt
und wir zuhause sind,
wo es auch sei,
und niedersitzen können und uns anlehnen,
als sei es an das Grab
unserer Mutter.

Hilde Domin

„Ich gehe gern weg und komme gern wieder", sagte die knapp dreijährige Susanne, als sie das erste Mal bei Oma übernachten durfte und wollte. Das sagt sie heute noch.

Können Sie sich einen schöneren Schluß für dieses Buch vorstellen?

Literatur

Arlt, Marianne, Pubertät ist, wenn die Eltern schwierig werden, Freiburg 1992 (Herder)

Beck, Ulrich (Hg.), Kinder der Freiheit, Frankfurt a.M. 1998 (Suhrkamp)

Domin, Hilde, Nur eine Rose als Stütze, Gedichte, Frankfurt a.M. 1994 (Fischer)

Fromm, Erich, Die Kunst des Liebens, Frankfurt a.M./Berlin/Wien 1980 (Ullstein)

Halpern, Howard, Festhalten oder Loslassen, Salzhausen 1998 (iskopress)

Halpern, Howard, Abschied von den Eltern, Salzhausen 1998 (iskopress)

Hellinger, Bert u. ten Hövel, Gabriele, Anerkennen, was ist, München 1996 (Kösel)

Lehmann, Hans-Thies, Über Heiner Müllers Arbeit, Stuttgart 1996 (Merkur Heft 6)

Liedloff, Jean, Auf der Suche nach dem verlorenen Glück, München 1983 (Beck)

Papastefanou, Christiane, Auszug aus dem Elternhaus, Weinheim 1997 (Juventa)

Ringel, Erwin, Die ersten Jahre entscheiden, Wien/München 1987 (Jungbrunnen)

Rogge, Jan-Uwe, Kinder brauchen Grenzen, Reinbek 1993 (Rowohlt)

Schäfer, Thomas, Was die Seele krank macht und was sie heilt. Die psychotherapeutische Arbeit Bert Hellingers, München 1998 (Knaur)

Stierlin, Helm, Eltern und Kinder im Prozeß der Ablösung, Frankfurt a.M. 1975 (Suhrkamp)

Weber, Doris, Herzschläge, in: Publik-Forum, Heft 9, 1999, Oberursel

Weiss, Peter, Abschied von den Eltern, Frankfurt a.M. 1964 (Suhrkamp)

Zeltner, Eva, Generationen-Mix, Bern 1998, (Zytglogge)

Zum vertiefenden Lesen empfohlen:

Beck, Ulrich (Hg.), Kinder der Freiheit, Frankfurt a.M. 1998 (Suhrkamp)

Das Buch enthält vierzehn wissenschaftliche Beiträge zur Situation der heutigen jungen Generation. In den Aufsätzen zeigen die AutorInnen auf, daß die „Kinder der Freiheit" nicht ausschließlich über das Phänomen des Werteverfalls zu definieren sind. Überschriften wie „Demokratisierung der Familie", „Individualismus oder Altruismus?", „Verbindlichkeit oder Vielfalt?" machen neugierig. Zahlreiche Fakten und Argumente führen letztendlich zu einer positiven Sicht unserer Nachkommen, die versuchen, auf lockere Art Selbstverwirklichung und Dasein für andere miteinander zu verbinden.

Für LeserInnen, die an aktuellen gesellschaftlichen Entwicklungsströmungen im Bereich der jungen Generation interessiert sind.

Papastefanou, Christiane, Auszug aus dem Elternhaus, Weinheim 1997 (Juventa)

Der Untertitel lautet: Aufbruch und Ablösung im Erleben von Eltern und Kindern. Die Autorin hat ein Forschungsprojekt an der UNI Mannheim über „Familien in der Ablösephase" geleitet und die Ergebnisse im zweiten Teil dieses Bandes verarbeitet.

Im ersten Teil zeigt sie mit theoretischem Überbau die Ablösung aus der Sicht herangewachsener Kinder und das elterliche Auszugserleben auf. Das Buch ist eine Fundgrube für Fakten und besonders geeignet für LeserInnen, denen gesichertes Hintergrundwissen wichtig ist.

Zeltner, Eva, Generationen-Mix, Bern 1998, (Zytglogge)

Einige Kapitel-Überschriften lauten: Verwischte Generationengrenzen; Jugend- und Schönheitskult; Alt werden, aber nicht alt sein; Infantilisierte Gesellschaft; Alt und Jung im leeren Raum.

Die Autorin zeigt den Jugendwahn der heutigen Gesellschaft sowie das infantile Verhalten vieler Erwachsener anhand zahlreicher Beispiele auf. Sie macht klar, daß durch das Verharren vieler „Alter" in ursprünglich den „Jungen" vorbehaltenen Bereichen den Nachkommen Schaden zugefügt wird. Wegen der verwischten Grenzen zwischen den Generationen bekommen sie Probleme mit der eigenen Identifikation.

Das Schlußkapitel „Der Generationen-Mix als Chance" bietet aber versöhnliche Wege und Auswege an.

Das Buch läßt sich leicht lesen und ist eine ideale Ergänzung zu dem vorliegenden Band.

Hilfreiches für Eltern und Kinder

Trish Magee
Das Geheimnis glücklicher Eltern
52 Tips, um eine glückliche Familie zu sein
Band 4732
Wunderbare praktische Weisheiten für den Familienalltag –
Trish Magee macht Lust, das Positive zu entdecken.

Peter Veith
Eltern nehmen Kinder ernst
Die 7-Schritte-Methode zur Lösung von Familienkonflikten
nach Rudolf Dreikurs
Band 4640
Ein leicht anwendbares Programm, das hilft, in Konfliktsituationen
den Bedürfnissen von Eltern und Kindern gerecht zu werden.

Allan Guggenbühl
Pubertät – echt ätzend
Gemeinsam durch die schwierigen Jahre
Band 5513
Der erfahrene Jugendlichen-Psychotherapeut macht Eltern Mut:
Sie müssen nicht alles regeln und im Griff haben.
Eine Orientierungshilfe für Eltern heranwachsender Kinder.

Karin Meinert
Weil´s bei Mama so bequem ist
Wie man Nesthocker los wird, bevor es zu spät ist
Band 4600
Warum es allen gut tut, wenn Nesthocker endlich flügge werden
und wie man sie erfolgreich dazu bringt, zeigt dieses witzige und
praktische Buch.

Irene Ehmke/Heidrun Schaller
Kinder stark machen gegen die Sucht
Der praktische Ratgeber für Eltern und Erziehende
Band 4538
Hinter jeder Sucht ist eine Sehnsucht. Hier gilt es vorbeugend
anzusetzen und die Lücke, die das Kind über das Suchtmittel zu
schließen versucht, sinnvoll zu ersetzen.

HERDER / SPEKTRUM

Marianne Arlt
Pubertät ist, wenn die Eltern schwierig werden
Tagebuch einer betroffenen Mutter
Mit einem Nachwort von Christine Swientek
Band 4100
Wenn Kinder „in die Jahre kommen", ist der Familienfrieden dahin.
Marianne Arlt erzählt von heftigen Erfahrungen und wie man
trotzdem ganz gut mit ihnen leben kann.

Marianne Arlt
Welt, ich komme! Der Pubertät 2. Teil
Tagebuch einer entnervten Mutter
Band 4411
In der 2. Hälfte der Pubertät geht es erst richtig los. Da hilft nur eins:
Raus mit den Kids! Denn draußen pulst das wahre Leben, hart, aber
gerecht.

George H. Orvin
So richtig in der Pubertät
Was Eltern lassen sollten und was sie tun können
ISBN 3-451-26360-2
Gerade jetzt brauchen Kinder ihre Eltern. Ein Buch, das zeigt, wie sie
ein gelassenes Gefühl für das bekommen, was jetzt ansteht.

Ruth Eder
Dauernd ist sie beleidigt
Wie Mütter und Töchter gut durch die Pubertät kommen
ISBN 3-451-26373-4
Das „Drama" der Ablösung - Rat und Orientierung für Mütter und
Töchter auf dem Weg durch die Turbulenzen der Pubertät.

Angelika Glöckner
Lieber Vater, liebe Mutter...
Sich von den Schatten der Kindheit befreien
ISBN 3-451-26760-8
„Glöckners Sprache führt in die Tiefe, eröffnet einen neuen
Zugang zu sich selbst und versöhnt mit der eigenen Geschichte." -
Hans Jellouschek

HERDER / SPEKTRUM